THÉOPHILE SILVESTRE

LES ARTISTES FRANÇAIS

I

ROMANTIQUES

BIBLIOTHEQVE DIONYSIENNE
LES ÉDITIONS G CRÈS & CIE
P A R I S

2e édition.

BIBLIOTHÈQUE DIONYSIENNE

PUBLIÉE SOUS LA DIRECTION
DE M. ÉLIE FAURE

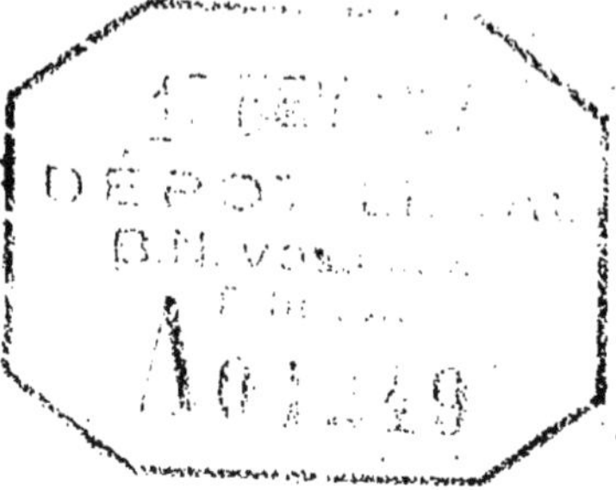

LES ARTISTES FRANÇAIS

DÉJA PARUS

DANS LA MÊME BIBLIOTHÈQUE

Benvenuto Cellini. — *Mémoires* (trad. Beaufreton) (2 vol.).
Eugène Delacroix. — *Œuvres littéraires* (2 vol.).
Charles Baudelaire. — *Variétés critiques* (2 vol.).
Amaury-Duval. — *L'Atelier d'Ingres.*

POUR PARAITRE

DANS LA MÊME BIBLIOTHÈQUE

Eugène Delacroix. — *Journal* (texte intégral).
P.-P. Rubens. — *Correspondance.*
Lorenzo Ghiberti. — *Mémoires.*
Michelet. — *Triomphe de Prométhée.*
Diderot. — *Essai sur la Peinture.*
— *Salons choisis.*

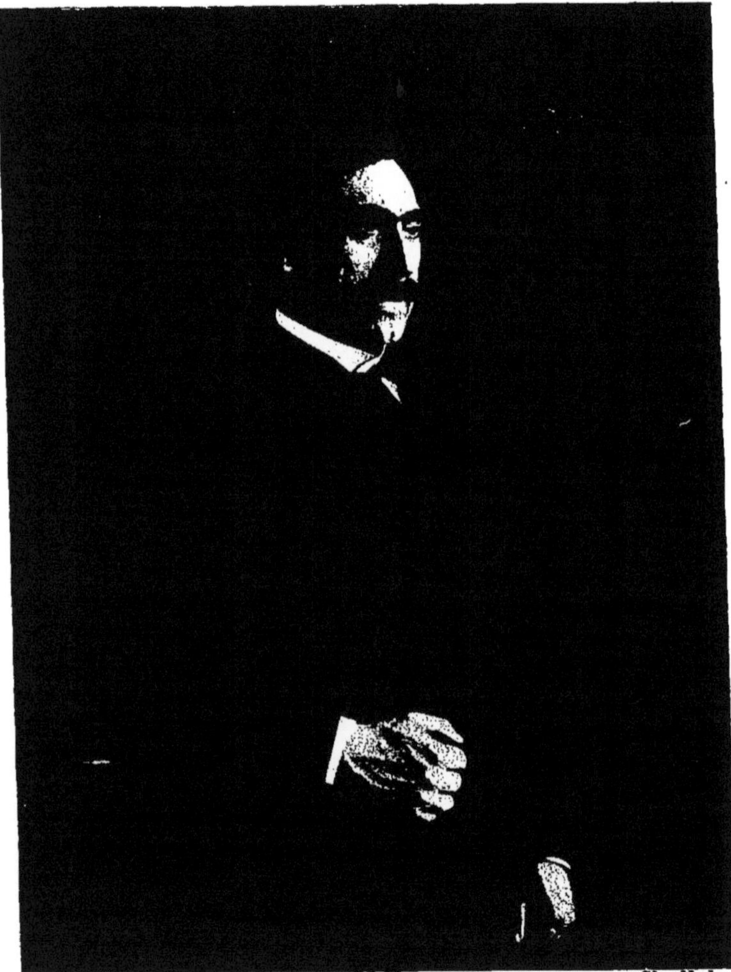

Cl. Nadar.

THÉOPHILE SILVESTRE

THÉOPHILE SILVESTRE

LES ARTISTES FRANÇAIS

I

ROMANTIQUES

BIBLIOTHEQVE DIONYSIENNE
LES ÉDITIONS G CRÈS & CIE
P A R I S

IL A ÉTÉ TIRÉ DE CET OUVRAGE QUINZE EXEMPLAIRES SUR VÉLIN PUR FIL LAFUMA (DONT CINQ HORS COMMERCE), NUMÉROTÉS DE I A IO ET DE II A I5

AVANT-PROPOS DE L'ÉDITEUR

La matière essentielle du livre que nous présentons au lecteur est contenue dans le volume de Théophile Silvestre qui parut en 1856 *chez Blanchard et fut réimprimé par Charpentier en* 1878, *sous le titre* « Les artistes français », *avec d'importantes additions, notamment sur Delacroix. Les biographies qui le constituent devaient, dans le projet primitif de Silvestre, comprendre deux séries de dix livraisons chacune, avec le titre* « Les artistes vivants » *et le sous-titre* « Études d'après nature », *celui-ci conservé d'ailleurs sur la couverture des deux éditions précédentes. Commencée en* 1885, *la première série de l'œuvre parut seule, ses dix numéros étant respectivement consacrés à* Delacroix, Courbet, Ingres, Barye, Rude, Diaz, Decamps, Corot, Préault, Chenavard. *La seconde série resta à l'état de projet, sauf pour la première livraison, qu'*Horace Vernet, *auquel elle était consacrée, eût préféré, sans doute, ne pas trouver dans son courrier. Quand on songe que* Daumier *devait figurer dans cette galerie, avec* David d'Angers, Delaroche, *les deux* Devéria, Dupré, Huet, Jeanron, Théodore Rousseau *et* Troyon, *on se prend à déplorer l'indifférence du public, qui ne permit pas à Silvestre d'achever son entreprise.*

Les recherches que nous avons faites pour retrouver les éléments du second volume presque entièrement inédit qu'eût pu constituer cet ensemble, n'ont pas abouti. Cependant, elles nous ont ouvert des voies dont l'exploration n'a pas été infructueuse. C'est ainsi que nous avons pu incorporer à ce volume :

1° *Une étude sur* Millet *parue dans le* Figaro *en avril-mai* 1867, *où nous nous sommes crus, d'ailleurs, autorisés à pratiquer des coupes sombres : elle comportait, en effet, d'interminables descriptions de tableaux qui alourdissaient l'article en accusant son caractère sentimental, déjà, à notre sens, beaucoup trop marqué.*

2° *Une étude sur* Rousseau, *parue après la mort du paysagiste, dans le* Figaro *du* 15 *janvier* 1868, *étude évidemment improvisée, et sans doute fort différente de celle que Silvestre s'était proposé d'écrire pour sa seconde série* (1).

Nous avons joint à ces deux Études non encore parues en volume une petite fantaisie sur Thomas Couture *qui figure dans les commentaires écrits par Silvestre pour le catalogue de la fameuse* Collection Bruyas *du Musée de Montpellier. Ces mêmes commentaires, on le verra, nous ont fourni par surcroît de très abondantes et intéressantes études sur les œuvres de Delacroix, de Corot, de Barye, de Decamps, de Courbet, etc... qui ont été transcrites à l'*Appendice *du présent ouvrage, ainsi que des notes prises par Silvestre pour l'article sur* Delaroche *qui devait figurer dans la série avortée des* Études d'après nature. *Cet* Appendice *comporte encore un extrait capital du* Mémoire *que publia Silvestre en* 1856 *lors de son procès burlesque*

(1) Voir *Appendice II.*

avec Horace Vernet. On verra que ce document, qui fournit d'autre part des renseignements précieux sur les méthodes de travail de Théophile Silvestre, constitue un complément fort savoureux de l'étude qu'il avait écrite sur le « Raphaël des Cantines ».

Ce n'est pas tout. Cette même série d'articles du Figaro *d'avril-mai* 1867, *où Théophile Silvestre se propose d'initier ses lecteurs à la visite de la section de peinture de l'Exposition universelle, s'ouvre par un essai, très audacieux pour l'époque, et qui pourrait être récrit de nos jours d'un bout à l'autre sans en changer une virgule, sur l'esprit dans lequel le public a coutume d'aborder ce genre de spectacle. Nous avons cru devoir le sauver de l'oubli, ainsi qu'un fragment d'article sur la* Critique d'art et l'École française, *paru dans le* Nain Jaune *de* 1864. *Un fragment, disons-nous, car l'ensemble est visiblement un morceau bâclé, dont la première partie seule est intéressante à lire, grâce aux vues, à cette époque-là fort neuves, où Silvestre nous expose sa conception de la « critique d'art ». Ajoutons que la plus grande partie des lignes supprimées par nous figure à l'*Appendice III *sous forme de considérations sur l'art de David, qu'il avait fait entrer lui-même dans ses commentaires du* Catalogue Bruyas.

Le présent ouvrage n'est donc pas la réimpression pure et simple de celui — si précieux — qui parut en 1878 *chez Charpentier. Il comporte non seulement des additions très importantes, même si l'on ne tient pas compte des documents rejetés à l'*Appendice, *mais aussi quelques soustractions jugées par nous indispensables. Ainsi, tous les extraits des* Agendas *de Delacroix, qui ont paru chez Plon dans le* Journal *du maître* (1893), Journal *illustre, dont nous nous proposons d'ailleurs de donner avant peu une* *édition beaucoup plus complète que celle-là. Ainsi, encore, des considérations de Silvestre sur le sort des dits* Agendas. *Ainsi, enfin, aux pages* 57 *et suivantes de l'édition Charpentier, de longues citations extraites de son propre article sur Delacroix qui figurent, dans le même volume, quelques pages plus haut.*

Ces divers remaniements ont donné au livre de Silvestre une physionomie nouvelle. En outre, elles lui ont infligé un tel accroissement de matière, que nous avons été conduits à le présenter au public en deux volumes au lieu d'un. La coupure était difficile. Silvestre avait publié ses Études *dans l'ordre où elles avaient paru en livraisons, ce qui, si nous avions conservé ce même ordre, eût rejeté par exemple à la fin du second tome les pages consacrées à Horace Vernet, né en* 1789, *alors que celles où il est question de Courbet, apparu trente ans plus tard, eussent figuré presque au début du premier. Nous avons préféré, à tort ou à raison, introduire quelque cohésion dans ces essais, en les présentant d'abord en groupes sympathiques —* Romantiques *pour le premier volume,* Éclectiques et réalistes *pour le second —, et en introduisant dans chacun de ces groupes l'ordre chronologique déterminé par la naissance des artistes qui le composent. Exception faite pour Delacroix, le chef de file incontesté du premier groupe, né cependant après Rude et Barye, et auquel nous avons conservé la place d'honneur. Le hasard a voulu que le chef de file du second, Ingres, étant aussi son premier né, y ait naturellement trouvé son rang. Quant aux deux essais de Silvestre sur* le Public des Expositions *et* la Critique d'art, *ils ont pris place au début de chacun des deux volumes en guise d'Introduction. Si nous avons imprimé celui-là au seuil du premier de ces volumes, c'est en raison de son importance plus grande et surtout de son caractère, qui le désignait pour servir d'avant-propos aux œuvres d'un écrivain dont le respect de « l'opinion » ne peut passer pour la qualité dominante.*

*Nos excuses adressées à la mémoire de Silvestre pour nous être permis cette présentation nouvelle de son livre, — excuses qu'il accueillera sans doute avec bienveillance, en raison du sauvetage de quelques-uns de ses essais, — de l'étage du purgatoire très imprégné d'odeur de soufre où il attend le Jugement, nous n'aurons pas le mauvais goût d'entreprendre une « étude critique de la critique » silvestrienne, dont nous laisserons au lecteur la joie de découvrir la verve, la couleur, l'acuité, l'élégance, et, s'il veut bien s'en rapporter au temps où elle vit le jour, la nouveauté. Baudelaire mis à part — il faut toujours mettre à part, et au-dessus, Baudelaire — Théophile Silvestre est assurément le premier « critique d'art » du XIX*e *siècle, celui qui a le mieux réussi le passage de l'expression figurée dans le mot, passage hors duquel il ne peut être question que d'un travail d'érudit ou de cuistre, comme il l'a si bien dit lui-même dans le morceau que nous avons placé en tête du second volume de ses œuvres. Il pénètre avec ivresse — ivresse d'ailleurs fort lucide, et toute assaisonnée de sarcasmes et de malices —, dans l'esprit de la peinture, dans sa « spiritualité », eût dit son ami Baudelaire, mot splendide qu'eût accepté et pris à son compte son autre ami Barbey d'Aurevilly et son maître Delacroix. Car tels sont les trois répondants de Théophile Silvestre devant qui tient à lui rendre sa place dans le cortège qui conduira les hautes parties de*

l'art romantique au plus classique avenir. Comment un tel talent, où se combinent, avec une délicieuse aisance, un peu de ce sens mystique de la grande peinture que Baudelaire et Walter Pater ont à peu près seuls possédé, une connaissance de sa technique presque égale à celle de Fromentin, et une férocité dans l'ironie qui fait songer à un Mirbeau plus averti, plus fin, plus mesuré, moins impulsif — relisez, si vous voulez vous rendre compte de ces vertus éminentes, le Delacroix, *le* Preault, *le* Courbet, *l'*Ingres, *l'*Horace Vernet *— comment un tel talent reste-t-il encore méconnu? Hélas! c'est toujours cette « critique d'art », qu'on écoute si complaisamment quand elle cristallise le goût public autour des gloires salonnières dans telle glose péremptoire du plus éphémère quotidien, et qu'on se refuse à entendre dès qu'elle constitue, par sa qualité propre, une force spirituelle équivalente aux grandes œuvres qu'elle tente d'incorporer, par le moyen du verbe, au trésor lyrique commun. Cette « critique d'art », que nous avons qualifiée ailleurs* (1) *de « parente pauvre » de la littérature, — parente misérable, depuis que « la littérature » semble vouloir se confiner dans les frontières du roman. Au reste, c'est naturel. La critique d'art, telle que la concevaient Baudelaire et Silvestre, suppose déjà la connaissance sinon très approfondie, du moins très intuitive, très personnelle de son objet, ce qui lui enlève d'un seul coup les neuf dixièmes du public — j'entends du public sachant lire. Cette parente pauvre, voyez-vous, est une aristocrate que sa discrétion et sa solitude séparent de la grande majorité des lecteurs. C'est là, d'ailleurs, qu'est sa consolation.*

---

(1) Voir *Avant-propos de l'Éditeur* aux Mémoires de Benvenuto Cellini de cette même *Bibliothèque Dionysienne*.

Voici donc un écrivain de race, bien que le « sujet » qu'il traite soit inaccessible à la plupart. Sa vie, par conséquent, ne nous importe guère. Son œuvre nous la marque d'un caractère suffisant. Nous savons qu'il fut fonctionnaire du second Empire — Inspecteur des Beaux-Arts, si vous n'y voyez pas d'inconvénient — et qu'il dût, pour en arriver là, malmener quelque peu son républicanisme primitif. C'était, n'est-il pas vrai, un « méridional », un « cadet de Gascogne », venu avec quatre pistoles chercher fortune à Paris. Clichés complémentaires : hâbleur, flagorneur, intrigant, arriviste. Soit. Mais sa dépendance... économique eut du moins pour corollaire la sauvegarde d'une indépendance intellectuelle aussi rare en son temps qu'au nôtre. Qu'on lise ces Études. Elles respirent la bravoure, le mépris du convenu, la décision de n'accepter, dans les jugements qu'elles portent, que le contrôle de son goût avidement et passionnément éduqué, la résolution de ne pas consentir plus de concessions aux habitudes du public que de flatteries aux préjugés des artistes, même quand il admire ces artistes et que ce public est de choix. Au reste, il ne cache pas à ceux qu'il vient interviewer — car avant d'écrire sur eux, il interviewe ses héros et ses victimes, inaugurant peut-être ainsi l'une des formes les plus séduisantes de la littérature d'aujourd'hui —, ses sentiments, ses idées, ses préférences. Malgré les réserves qu'il nous semble avoir raison de faire sur Decamps, sur Diaz, sur Préault, il est du côté romantique, sans aveuglement, certes, mais avec partialité. On s'en aperçoit bien — et trop — en lisant sa biographie d'Ingres, si savoureuse par ailleurs. Le second volume est fait, presque en entier, de bourrades et d'ironies, malgré la sympathie que lui inspire Chenavard et l'estime amusée en laquelle il tient l'art ingénu du bon Courbet, si bien que nous avions un moment songé, en faisant passer Corot et Chenavard dans la première série, Decamps et Préault dans la seconde, à intituler respectivement nos deux tomes Dithyrambes *et* Invectives. *Mais ces dithyrambes, pour mériter ce titre, sont trop souvent veinés de fiel et de vinaigre, et il arrive que ces invectives s'apaisent sous l'influence d'un bon mot, ou même parfois s'attendrissent. Ce terrible homme trouve moyen de n'être pas absolument partial pour ceux qu'il aime, ni absolument injuste pour ceux qui ne lui plaisent pas. L'archange Delacroix lui-même reçoit parfois une torgnole furtive. L'ange Corot est peut-être le seul à voler pour lui en plein ciel : encore ce ciel est-il légèrement lavé.*

A coup sûr, ce curieux esprit plane moins haut que Baudelaire, que son amour pour Delacroix n'a pas aveuglé sur Ingres, et qui, ne perdant jamais de vue l'essence spirituelle de l'art, ne se disperse pas comme parfois Silvestre dans l'anecdote d'ailleurs amusante, la querelle d'école d'ailleurs cruellement contée, voire le morceau de bravoure ou les à côtés sentimentaux d'ailleurs assez tièdes ou assez ironiques à leur propre égard. Silvestre n'a peut-être pas tout à fait compris que la forme, si elle sait être avant tout et résolument plastique, contient la pensée capitale. Nous pourrions croire que Delacroix, par exemple, l'attire d'abord par certaines intentions qui compromettraient cependant son impérieux génie de peintre si celui-ci ne les dominait pas. Mais lisez-le avec plus d'attention, ou plutôt de sympathie. Il sait d'instinct que Delacroix ne serait pas, sans ce génie de peintre, le grand poète tragique qu'il a voulu montrer en lui. Il sait que les vertus essentielles de l'art de peindre, ce sont le rythme et l'harmonie. S'il la frôle parfois, il ne tombe jamais dans « la littéra-

ture ». Il ne croit certainement pas que le miel ait été inventé pour appuyer l'action du café au lait et du beurre dans les échanges sentimentaux des amoureux convenables. C'est une alerte abeille — ou plutôt une guêpe — qui s'enivre du suc des formes et du pollen des couleurs.

E. F.

LES ARTISTES FRANÇAIS

LE PUBLIC DES EXPOSITIONS (1)

Au contact de ce formidable public cosmopolite venu des quatre coins de l'horizon, le plus agacé, le plus fiévreux des êtres, c'est maintenant le véritable artiste, si attaché soit-il d'ailleurs à sa gloire et à ses intérêts. Accoutumé à la retraite et au silence, il n'aime guère — quoique l'Exposition soit un merveilleux spectacle — ce concert sifflant et grinçant des mécaniques, tout cet univers essoufflé de travail et d'affaires, qui prend l'art pour un enfantillage et la contemplation pour une oisiveté. Le peintre a de la peine à reconnaître ses juges naturels dans cette tassée d'hommes, qui plantent le nez dans ses tableaux sans les voir, et vont s'extasier devant la pyramide d'or de l'Australie. Il sait aussi, c'est là son réconfort, que parmi tant de têtes de bois et de cœurs de pierre, se trouvent çà et là quelques vivants faits pour l'aimer, le comprendre et le glorifier, au plus fort de la confusion des esprits, de l'abêtissement des caractères et de la déroute du sens commun.

C'est précisément cette imperceptible minorité qui le fait triompher à la longue de la multitude brutale, des coteries jalouses, des routines d'école grimées en traditions, des vains protectorats, et même des fausses théories de la critique, mille fois plus terribles pour lui que l'ignorance,

(1) *Figaro*, 1867 (Voir *Avant-propos de l'Editeur*).

l'envie, la persécution et le dénuement. Un Maître a raison tout seul contre tout le monde parce qu'il est un maître; mais, pour le faire croire, surtout pour le faire dire, il faut le prouver fortement et souvent, ce qui ne suffit pas toujours. Avec du temps et de la constance, il peut venir à bout du troupeau de Panurge, au moins de certains moutons enragés, que, d'ailleurs, la mort décime chaque jour pendant qu'il persévère; mais que faire contre les idées fausses, cette ivraie immortelle, semée par les têtes vaines et les cœurs ulcérés, de son vivant dans son jardin, et, quand il n'est plus, sur sa tombe?

Voyez, aujourd'hui même, Maître (?) Thomas (Couture), qui, ne travaillant pas ou ne travaillant plus de son métier, tire une plume de son aile ou de l'aile d'un autre (notez bien qu'il ne sait pas écrire) pour essayer d'avilir dans les feuilles étrangères Eugène Delacroix, le plus grand peintre de son pays, glorieuse mémoire « qui ne se flétrira pas par le temps », tandis que les petites glorioles d'un jour, retombées dans l'ombre, se tordent sur son œuvre, comme le serpent sur la lime, ou sèchent sur pied comme un chardon dans les champs? Si l'artiste médiocre et grossier, condamné d'avance à l'oubli, juge son Maître en Quinze-Vingt, que dira donc des autres maîtres le public du Salon? Les supériorités, accessibles par quelques points à son intelligence, blessent déjà ses prétentions; mais sitôt qu'un artiste a le malheur de s'élever d'un cran au-dessus de l'entendement général, c'est un mystificateur, c'est un ennemi. Sa fierté, son énergie, sa pénétration, sa simplicité sont autant d'exceptions insolentes pour le vulgaire, ce tyran démolisseur de tyrannies; et le vulgaire, prenant pour un monstre quiconque ne lui ressemble pas, se venge cruellement, au nom de son dépit et du suffrage universel. Tout fait injure à son amour-propre et à son excellence infuse.

En effet, un Français étant l'égal d'un autre Français, et se croyant sans doute *a priori* supérieur à un étranger, par grâce d'État et de vaudeville, n'apporte-t-il pas à l'Exposition sa part de souveraineté, d'infaillibilité? Pourquoi ne jugerait-il pas, comme le premier venu et même en encyclopédiste, sans aucune teinture de spécialité, tableaux, statues, livres, horloges, fromages et pièces de canon? Mais ce droit, acheté à la porte un franc, va lui coûter cher à la recherche vaine, humiliante et douloureuse des qualités et des défauts qui font la gloire, la fortune ou la misère de l'artiste.

Voilà donc M. Un Franc en présence du *Matin* de Corot, de l'*Angélus du soir* de François Millet, du *Paysage* de Courbet et du *Chêne de roches* de Théodore Rousseau. Dans les deux derniers ouvrages, il lui sera possible de saisir la portion de nature la plus énergiquement accentuée; mais les impressions, les aperçus, la logique intime et les subtilités pratiques de ces toiles émouvantes lui échappent absolument. Il sent qu'il ne sait rien, comme Socrate ou Montaigne, si vous voulez; mais il n'en prend pas aussi bien son parti que ces philosophes; il ne pardonnera jamais à l'art de rester pour lui lettre morte et de le rendre bouche close. Quand, au lieu d'être du commun des martyrs, le spectateur, mis *a quia* par les mêmes tableaux, est un homme d'esprit, un critique de profession — et cela se voit — oh! alors, M. Un Franc, enragé de l'affront involontaire fait à sa vanité supérieure, cache sa torture en enfant spartiate, tue *in petto* trois peintres, trois mandarins d'un coup, ou les exécute en public.

Après tout, il n'y a de honte pour personne à ne pas savoir, quand on n'est pas soi-même peintre, comment il faut s'y prendre pour exprimer à merveille les formes, les passions de l'homme, la richesse, la plénitude de la terre, le calme ou la fougue des éléments, au moyen de poisons broyés dans l'huile et de petits bâtons à poil. Mais pourquoi l'expliquer sans l'avoir compris, et rendre, quand même, au profit ou au détriment de l'artiste, des services et des arrêts, en dépit de l'Évangile qui dit : « Ne jugez pas ! » et de la conscience qui crie : « Les aveugles n'ont pas de manière de voir »?

Car la peinture est un langage qui devient d'autant plus difficile à entendre qu'il s'éloigne davantage des figurations élémentaires, des hiéroglyphes essentiels à la portée de tous, comme par exemple les enseignes parlantes des boutiques. Les canards populaires et les planches coloriées d'Épinal veulent déjà des légendes explicatives. A chaque pas en avant, la peinture exige une nouvelle initiation de l'œil et de l'esprit. Dans un tableau rudimentaire, le premier bêta reconnaît tout de suite l'homme, le ciel, la terre et l'âne, notre frère supérieur, au moins en naturel et en patience; mais un spectateur, même intelligent, commence à se troubler sitôt que les passions de l'âme et les phénomènes de la lumière et de l'espace viennent de paraître sur la toile; un troisième spectateur, plus intelligent encore que le second, est pris d'un éblouissement physique, suivi de cécité morale, quand ces effets naturels, pourtant si simples en principe, se subtilisent à l'infini, sans cesser pour cela d'être vrais, en se combinant plus ardemment et plus intimement avec les sensations, les passions et les idées du peintre.

Cet éblouissement et cette cécité ne frappent pas seulement — j'y insiste — les gens incultes ou peu cultivés. La majorité des savants, des lettrés, et même des princes en est atteinte : Louis XIV abhorrait les chefs-d'œuvre flamands et hollandais; M. de Lamartine complimenta vivement Delacroix, tout confus pour le poète, des tableaux de M. Michon; le roi Louis-Philippe eut pour peintre favori M. Alaux et dit de lui : « Alaux peint bien, dessine bien; il n'est pas cher et il est coloriste. » Je ne sais plus quel écrivain célèbre prit pour un gros poisson un groupe de peupliers riverains, peint et très bien peint par Jules Dupré.

On ne voit bien la peinture qu'après une longue éducation des yeux et de l'esprit; on ne sent vivement les Maîtres que par sympathie de tempérament, par parenté intellectuelle, ou bien encore par une antipathie instinctive que l'étude confirme et que la passion exagère. Il faut avoir aussi beaucoup vécu et dans le monde des vivants et dans le monde des images, les comparant, les approfondissant d'un regard pénétrant et d'un cœur naïf. Autrement, il faut laisser à la porte de l'Exposition l'espérance de les comprendre, la présomption de les juger, et porter son application sur le Musée d'artillerie, les vitrines des photographes et les concours régionaux, où la beauté des bêtes est encore pour bien des amateurs un mystère irritant.

« Avant de juger la Peinture, il faudrait au moins connaître la nature. » La Critique, à peu d'exception près, toute sacerdotale qu'elle soit à ses propres yeux, *sibi pulcherrima et sacro-sanctissima*, ne se souvient pas plus de la nature que le cheval de fiacre des pâturages; elle ne voit guère dans certaines toiles touchantes et même grandioses, prises dans la réalité et rendues plus vivantes, plus *naturantes* par l'originalité, le caractère et l'idéal particuliers du peintre, qu'un réalisme bestial, qu'une vraie Jacquerie contre la tradition du Beau : comme si la beauté, au lieu de garder son droit naturel de respirer l'air libre et vivifiant des campagnes, était condamnée perpétuellement au *sacellum* de l'Académie, à l'ergastule des cuistres, — n'ayant dans les veines d'autre sang que l'ichor des divinités de Chompré. Voyez seulement, je vous prie, la mine des héros et des dieux de l'École, au Champ-de-Mars et aux Champs-Élysées.

Ce que l'on appelle le Beau étant une scène de Shakspeare ou de Racine, une strophe de Byron ou de Victor Hugo, une tête de Phidias ou de Michel-Ange, un apôtre de Raphaël ou un gueux de Rembrandt, un gentilhomme de Véronèse ou un paysan d'Ostade et de Millet, un paysage de Claude, de Poussin, de Rubens, de Constable, de Turner, de Corot, de Rousseau, il nous semble que l'Art est assez grand et assez varié pour n'exclure personne. Il accepte tous les tempéraments et même tous les sujets; tout dépend de la manière de les sentir, de les comprendre et de les exprimer; à moins de mépriser, de décimer la création. Les professeurs de Beau Idéal ont raison de préférer ce qu'il y a de plus beau; mais ils ont tort de faire ce qu'il y a de plus bête. Quelquefois leurs raisons ne sont pas contestables; mais leurs œuvres le sont presque toujours; et toute œuvre d'art qui n'est pas excellente est au moins inutile.

L'idéal n'est pas une aspiration stérile et flatueuse de pédagogue vers l'Empyrée; c'est l'amour intense de l'artiste pour le sujet qu'il préfère à tout autre sujet; c'est l'impérieux et incessant désir de l'élever à son maximum de vérité, de caractère et d'expression.

Si le Beau était le produit d'une recette calligraphique ou pittoresque, la tradition, si vénérable depuis les Grecs d'Athènes jusqu'aux Athéniens de Paris, ne serait qu'une école mutuelle de singes; et si l'originalité, sans laquelle il n'y a point d'artiste, était une tendance excentrique, une violation plus ou moins extravagante des lois de la nature, au lieu d'être une façon toute personnelle et très vive de voir, de sentir et de dire la vérité, les plus grands peintres et les plus grands écrivains se trouveraient à Charenton.

Bien que l'art soit entouré de difficultés, plein de choses délicates et mystérieuses, il est au fond d'une simplicité naturelle à tout ce qui est grand. Les cœurs épris le pénètrent toujours assez profondément pour trouver, comme des enfants, le bonheur dans des morceaux de toile. En étudiant ses œuvres sans étourderie comme sans vanité, au lieu d'affirmer, de nier et de ricaner à faux et à vide; en jasant souvent avec la nature et quelquefois avec les peintres et les sculpteurs comme on parle des vents avec les laboureurs et des tempêtes avec les matelots, que de bévues on épargnerait à soi-même et aux autres!

Un bon tableau n'est pas une invention arbitraire et folâtre; c'est une intensité du vrai ou tout au moins du vraisemblable, et sans la moindre affectation. Les tableaux généralement compris et généralement aimés à présent, sont le trompe-l'œil des banalités affectées que le public adore et qu'il a chaque jour sous les yeux; le miroir de la mode, du caprice, de l'hypocrisie, de la sottise et des ridicules du temps; le portrait flatté de la vanité, du pédantisme, de l'ambition et de sa platitude; l'incarnation d'un certain joli sentimental, maniéré, niais, corrompu et courant les rues, comme qui dirait les Désirées de la confiserie et les Amandas des coulisses. Ce qu'il faut à nos Turcarets et à nos Prudhommes, ce sont les héroïnes à merlans, des Vénus de l'Acropole Bréda, retour d'Athènes, et même des paysannes d'opéra-comique, qui rêvent en gardant leurs dindons de se faire enlever par un gandin, surtout par un banquier.

Et comme il n'est plus nécessaire pour plaire et pour vendre de se conformer ni à la vérité, ni à la tradition, ni à rien, des peintres, d'ailleurs habiles et comblés d'honneur, prendront impunément les Augures romains, interrogeant les poulets sacrés au marché de la Vallée; les juges de l'Aéropage à la place Maubert; et Phryné à Valentino. D'autres trouveront, avec le même succès, le Paradis terrestre au Châtelet, les paysans à la barrière, et les paysages en chambre. Les uns et les autres éviteront au spectateur toute surprise, toute inquiétude et toute fatigue, par des effets sans mystère et sans équivoque, et lui feront voir d'un coup d'œil sur la toile tout, absolument tout ce qui s'y trouve ou peut s'y trouver, depuis les choses les plus importantes jusqu'au dernier clou de paravent, aussi bien dans l'ombre que dans la lumière, n'oubliant pas même un brin d'herbe dans un effet de nuit.

S'ils peignent une orgie finissant au crépuscule du matin, ou l'ouverture du marché aux poissons, ils éclaireront des ivrognes au gaz, jusqu'à les incendier sans les dégriser; et les soles et les maquereaux à la chandelle, jusqu'à les frire, sans altérer aucunement ni la fraîcheur de leurs tons roses, ni l'éclat de leurs couleurs bleues.

A ces conditions on fait florès, on a pour soi la majorité,

c'est-à-dire la raison... commerciale du public. Pour ce public le caractère est sauvagerie, la grandeur exagération, l'originalité folie. De là le mépris du vulgaire pour le véritable artiste, qui le paie bien de retour; de là aussi les succès éphémères de tant de médiocrités agiles, perverties et pervertissantes; enfin l'impuissance, l'envie, la misère fatale ou méritée des uns, l'audace, la vanité, l'opulence imméritée des autres, et le calme, la force, le désintéressement glorieux des maîtres. Ceux-là, après avoir longtemps travaillé, combattu et souffert, sans prostituer le sentiment de l'art, travaillent encore et triomphent de tout, ayant pour idéal l'horreur du mensonge et la passion de la vérité.

I

ROMANTIQUES

INTRODUCTION (1875)

Ce livre a été publié pour la première fois, à Paris, en 1855-56 (1).

L'auteur, récompensé de sa franchise par le succès, n'a pas modifié le fond de son travail dans cette nouvelle édition, accessible à un plus grand nombre de lecteurs; il a seulement corrigé à la hâte quelques vices de forme et il ne lui en reste que trop à corriger.

Regrettons qu'à toutes les époques il ne se soit pas trouvé pour écrire l'histoire des artistes un observateur vivant au milieu d'eux et notant jour par jour leurs sentiments, leurs opinions et leurs procédés. Les idées prises au vol dans la causerie des maîtres et fixées dans un livre, seraient pour nous et pour nos neveux autant de leçons que les hypothèses et les théories de la critique ne remplaceront jamais.

Les incertitudes, les contradictions, les invraisemblances ne manquent pas dans les livres d'art vieux et nouveaux. Si l'on excepte certains Mémoires, de rares Traités et quelques fragments d'archives, cet amas de compilations ne vaut ni un aphorisme de Michel-Ange, ni une note de Dürer, ni une

---

(1) Chez E. Blanchard, éditeur-libraire, 78, rue Richelieu. 1 volume grand in-8° avec portraits gravés sur acier et catalogues. Prix 10 francs, broché, et 15 francs relié. (N. de Th. S.). Bien que publiant sous une forme nouvelle l'ouvrage de Th. Silvestre, nous avons cru devoir maintenir cette Introduction (Voir notre *Avant-propos*).

lettre de Rubens. Que l'historien s'attache désormais à tout voir, à tout entendre lui-même !

« On apprend à parler des vents avec les nautoniers. » C'est avec les artistes que l'auteur de ce livre a essayé d'apprendre à parler des arts. Des peintres, des sculpteurs, aujourd'hui célèbres, et qui peut-être n'iront pas tous à la postérité, ont voulu poser devant lui : au talent et à la flatterie près, il a fait leur portrait comme ils feraient eux-mêmes le sien.

S'il n'a rien caché à quelques-uns de ses modèles; si même il s'est fait un plaisir de dire leur fait à certains autres, n'a-t-il pas en même temps montré la plus vive admiration pour les caractères droits et les intelligences libres?

Son ambition n'est pas d'imposer ses idées; il se contente de les exprimer dans ces *Études d'après nature.*

Il n'est pas aussi difficile qu'on le prétend de parler des vivants : il suffit d'élever son âme au-dessus de l'ambition, de l'envie et de la servilité; il suffit de haïr la sottise, d'honorer le génie et d'aimer la justice.

EUGÈNE DELACROIX

Delacroix se cloître avec une précaution jalouse et déteste les visiteurs. Que de journées il passerait sans pouvoir donner un coup de pinceau, si sa porte restait ouverte à l'artiste, à l'écrivain, à l'amateur promenés par l'oisiveté d'atelier en atelier ! Les ouvrages du peintre qui travaille sans gêne devant le premier venu ressemblent par leurs faiblesses et leurs banalités aux articles du journaliste improvisés dans le tumulte d'une imprimerie. Delacroix se fortifie par la solitude et le recueillement; il est à son chevalet, mystérieux et incessant, comme l'alchimiste à ses fourneaux. Bien des gens n'ont trouvé que hauteur et misanthropie dans la retraite un peu farouche qu'il s'est imposée; mais un tel artiste, dévoré du besoin de produire, sent l'existence courte et n'est guère porté à sacrifier aux plus intéressantes relations. Selon l'expression du poëte, il cache sa vie et répand son esprit. L'homme studieux qui connaît le monde ne s'ennuie jamais; l'isolement est un droit pour son égoïsme, un devoir pour son intelligence. Libre et fort par lui-même, que gagnerait-il aux affections et aux vanités vulgaires ? Le dégoût. Celui qui connaît le prix de son âme et des vérités éternelles appartient à la solitude.

Delacroix tressaille comme un coupable toutes les fois qu'il entend les pas d'un visiteur; un coup de sonnette jette l'alarme dans sa maison; deux gouvernantes accourent à la porte, semblables à des sentinelles réveillées par un coup de feu, et défendent la consigne. Si, par une rare tolérance, il vous arrive d'entrer aux heures du travail dans cet atelier si bien gardé, le peintre est arrêté court, quelquefois même pour le reste de la journée, dans ces moments de verve et d'entrain qui le prennent par intervalles; soyez certain qu'il vous maudit intérieurement, tout en vous disant mille choses charmantes (1). C'est qu'il est arrivé à cette jalouse et inflexible distribution du temps qui décuple la fécondité des hommes supérieurs, leur permet de prêter à la spécialité de leur art l'appui de toutes les connaissances, et d'arriver enfin par l'habitude d'un travail solitaire et obstiné à la fermeté de l'expérience, sans préjudice des qualités natives. L'écrivain même qui, dans toute l'ardeur de la jeunesse et du sentiment, est confus, désordonné, c'est-à-dire médiocre et même mauvais, peut devenir, comme le vin, excellent en vieillissant, et se trouver dans toute sa puissance, précisément à l'heure où il n'a plus ni dents ni souffle. Non seulement alors les idées se pressent dans son cerveau comme autrefois, mais encore a-t-il rejeté les paillettes du faux luxe en gagnant des qualités solides, l'enchaînement, la proportion qu'il ne soupçonnait même pas et qui lui viennent à cette heure avec la conception, naturellement, spontanément. Malgré leur vivacité, leur imprévu et cette saveur amère des fruits verts que les enfants font tomber des arbres à coups de pierres, les ouvrages de la jeunesse manquent de substance et de fermeté.

« D'où vient, me disait un jour Delacroix, qu'à présent je ne m'ennuie pas un seul instant quand j'ai le pinceau à la main? J'éprouve même que, si mes forces pouvaient y suffire, je ne cesserais de peindre que pour manger ou dormir. Autrefois, dans cet âge prétendu l'âge de la verve et de l'imagination, j'étais arrêté à chaque pas et souvent

(1) Voir *Appendice I* (Lettres à Th. Silvestre).

dégoûté; aujourd'hui, je n'hésite plus : la maturité est complète; l'imagination est aussi fraîche, aussi active que jamais et délivrée des passions folles; mais les forces physiques manquent, les sens usés demandent le repos, et pourtant quelle consolation je trouve encore dans le travail! J'ai le bonheur de ne plus être heureux comme je l'entendais autrefois. A quelle tyrannie sauvage l'affaiblissement du corps ne m'a-t-il pas arraché? Il faut donc faire comme on peut : si la nature nous refuse le travail au delà d'un certain nombre d'instants, ne lui faisons pas violence; contentons-nous de ce qu'elle nous laisse; jouissons du travail pour le travail lui-même et des heures délicieuses qui le suivent; ce repos a été acheté par une salutaire fatigue qui entretient la santé du corps, agit sur celle de l'âme, et empêche la rouille des années de dévorer notre intelligence. »

Mais ne vous fiez pas à ces paroles de résignation : l'artiste a des rages de travail qui le jaunissent et le dessèchent. Il prend tour à tour, par passades, avec rapidité et furie, dix à douze toiles qui se succèdent sur son chevalet comme les apparitions de la lanterne magique. Je me trouvais un soir chez lui vers les quatre heures; on lui demandait un *Christ en croix* que je vis entièrement esquissé le lendemain : Christ, larrons, saintes femmes, peuple, soldats et bourreaux, tout était déjà rendu avec autant d'énergie que si le tableau eût été fini; seulement la scène se passait encore un peu confusément à travers les chaudes fumées de l'inspiration.

Cet homme, subtil et impressionnable, vibre au moindre choc, s'agite au moindre souffle; il voit, entend, saisit tout au vol, un mot, un geste, un nuage qui passe sur votre physionomie; mais sa défiance, développée à l'excès par l'expérience du monde et de ses hypocrisies, dépasse quequefois sa perspicacité naturelle; il lui arrive de manquer de franchise, sans rien laisser paraître de cette dissimulation, parce qu'il est à peu près le maître de ses attitudes et de sa langue. Je crois qu'il n'excepte que très-peu d'hommes de son indifférence; la philosophie pratique lui suggère quelques complaisances mondaines doublées d'ironie.

Delacroix est un caractère violent, sulfureux, mais plein d'empire sur lui-même; il se tient en prison dans son éducation d'homme du monde, qui est parfaite. Rusé, attentif quand on lui parle, il est prompt, aiguisé, prudent dans ses répliques. Comme il connaît à fond l'escrime de la vie, il enferre proprement son homme sans avancer d'une ligne. Né au cœur de la diplomatie, bercé sur les genoux de Talleyrand qui fut le successeur de son père au ministère des Affaires étrangères, il remplirait à la Rubens la plus brillante ambassade : il ne pourrait sans doute déployer le faste, l'ampleur du Flamand; mais quel goût, quelle finesse il montrerait ! Son maintien est élégant et supérieurement aisé : gestes sobres, fort expressifs et une langue d'or. Il a l'habileté, les manières caressantes, les insinuations, les grâces et les caprices de la femme. Ses petits yeux vifs, clignotants, enfoncés sous l'arcade de ses sourcils noirs et rudes, l'abondance magnifique de sa chevelure, me rappellent les plus vivants portraits à l'eau-forte que Rembrandt nous ait laissés de lui-même. Delacroix est du reste le parent de Rembrandt par la ténacité, la fougue, la divination. Son humeur est spirituelle et sarcastique plutôt qu'enjouée. Il a le sourire profond et mélancolique. La coupe carrée de ses mâchoires inégales et proéminentes, la mobilité de ses narines largement ouvertes et frémissantes, expriment à outrance l'ardeur de ses passions et de sa volonté. Parfois ses airs de tête sont d'une fierté et d'un cynisme souverains. Son front carré s'avance en bosses intelligentes. Sa bouche, d'un dessin redoutable, tendue comme un arc, lance des flèches acérées sur ses contradicteurs et porte des jugements exquis. Il n'est pas beau, dans les conditions bourgeoises, et sa physionomie rayonne. Toutes ses figures ont quelque chose de lui : l'air pensif et souffrant; mais il donne à l'homme énormément de muscles par amour pour la force et l'activité. Ses femmes surtout lui ressemblent par la noblesse, l'élégance des attitudes, l'ardeur du tempérament et la fatale beauté de l'expression (1).

La frêle constitution de l'artiste est relevée par la vigueur de ses nerfs : il a la résistance et la souplesse de l'acier fin; il respire feu et flamme comme ce petit cheval cabré dans le *Massacre de Scio*, sublime ouvrage de sa jeunesse. Il parle avec mesure, mais, à ses attitudes impatientes, on voit qu'il refrène son impétuosité. Il étonne par tant de fougue mêlée à tant de sang-froid et par cette surexcitation de l'esprit qui pétille toujours en lui comme la flamme.

L'artiste qui, dans la folle émulation de sa jeunesse, aurait peint sur la pointe d'un clocher, comme il le dit lui-même, et qui a fait à la diable le *Massacre de Scio* dans un petit atelier humide du quartier de la Sorbonne, a besoin aujourd'hui de beaucoup de précautions et de soins : l'atmosphère de son atelier est tellement chaude que des couleuvres y vivraient heureuses; cet homme ardent et frileux se tient toujours enveloppé comme le python des galeries zoologiques; on croirait qu'il est né à Java et non pas sous le ciel de Paris. Les sensations qui courent dans ses veines, plus rapides que l'électricité sur les fils télégraphiques, le bouleversent vingt fois par jour.

— « Il y a vingt ans, m'écrivait George Sand, que je suis liée avec lui, et par conséquent heureuse de pouvoir dire qu'on doit le louer sans réserve, parce que rien, dans la vie de l'homme, n'est au-dessous de la mission si largement remplie du maître; et je n'ai probablement rien à vous apprendre sur la constante noblesse de son caractère et l'honorable fidélité de ses amitiés.

« Il jouit également des diverses faces du beau par les côtés multiples de son intelligence. Delacroix, vous pouvez

---

(1) Comparer à ce beau portrait de Delacroix celui qu'en a tracé Baudelaire, in VARIÉTÉS CRITIQUES, t. II, p. 24 (Crès et Cie, éd.) (N. de l'E).

l'affirmer, est un artiste complet. Il goûte et comprend la musique d'une manière si supérieure, qu'il eût été très-probablement un grand musicien, s'il n'eût pas choisi d'être un grand peintre. Il n'est pas moins bon juge en littérature, et peu d'esprits sont aussi ornés et aussi nets que le sien. Si son bras, sa vue venaient à se fatiguer, il pourrait encore dicter dans une très-belle forme des pages qui manquent à l'histoire de l'art, et qui resteraient comme des archives à consulter pour tous les artistes de l'avenir.

« Ne craignez pas d'être partial en lui portant une admiration sans réserve. La vôtre, comme la mienne, a dû commencer avec son talent et grandir avec sa puissance, année par année, œuvre par œuvre (1). »

Tant de qualités brillantes et variées n'ont fait qu'embellir les études spéciales de l'artiste : le public sera bien surpris, après sa mort, si la collection innombrable et précieuse de ses essais en tous genres passe entière sous ses yeux avides.

Le dessin original de Delacroix est très-libre : comme il voit les choses promptement et d'ensemble, c'est-à-dire à l'état de croquis, chacun de ses coups de crayon devient caractéristique, généralisateur, et détermine avant tout le volume, la saillie des corps et la direction de leurs mouvements.

Un exemple est nécessaire : supposons une statue horizontalement couchée et à demi plongée dans l'eau : la partie qui surnage et saute à l'œil n'est pas certes un appareil de contours, de lignes détachées, mais un ensemble en saillie. Qui pourrait alors déterminer l'importance propre de ses lignes ou contours ? La ligne dans le dessin, comme en mathématiques, n'est-elle pas une hypothèse ? La plus grande préoccupation de Delacroix, c'est donc l'étude du volume des

---

(1) Voir aussi G. Sand : *Mémoires de ma vie* (t. IX, p. 165-185 : Eugène Delacroix).

corps, l'analyse des épaisseurs. Aussi construit-il ses figures par noyaux, par masses proportionnelles, qui, réunies, forment le modelé. Ainsi procédait Gros, lorsqu'il n'était pas détourné de ses tendances naturelles par un respect obséquieux pour les principes de David. Gros représentait sommairement les principaux plans de la charpente d'un cheval par quelques oves juxtaposées. Géricault a trouvé de la même manière son énergique relief. Si le peintre établit les saillies avec justesse, il ne franchira pas, par ce seul fait, cette limite imaginaire appelée ligne ou contour qui n'est autre chose que le *finissement* des objets. Comprendriez-vous un sculpteur qui, ayant à faire un médaillon, une tête en profil, dessinerait préalablement ce profil au trait sur sa planche de travail pour remplir ensuite de morceaux de terre l'espace circonscrit ? Il ne pourrait manquer d'étrangler dans son réseau linéaire les saillies de la figure vivante. Les procédés matériels de Delacroix ont, du reste, beaucoup de rapport avec quelques moyens statuaires : ses larges touches rappellent ces fortes balafres employées par Géricault dans le *Radeau de la Méduse* et les coups de pouces imprimés sur la terre molle par les sculpteurs. Il marque d'abord du ton le plus lumineux le point culminant des saillies et entoure leur volume d'un ton sombre; voilà déjà l'indication des creux et des pleins, la topographie de la figure humaine marquée par les lumières et les ombres.

A l'exemple du Titien, de Paul Véronèse et de Rubens, Delacroix commence par ébaucher son sujet en grisaille, pour arriver simplement et promptement à établir l'effet général. Il ne s'amuse jamais à peindre le tableau par places successives, à parfaire une tête, un bras, une main, détails que les amateurs de peinture, espèces de gastronomes, appellent de bons morceaux; ce qu'il veut, c'est la vie de l'ensemble, c'est un drame entraînant. Si vous prenez isolément chacun des personnages, vous serez frappé du développement excessif, quelquefois monstrueux, de ses formes agis-

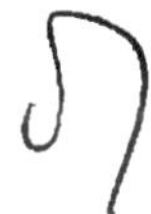

santes, développement que l'artiste a jugé nécessaire à l'énergie du mouvement, à l'intensité de l'expression. Si pareil désordre ne se produit pas absolument dans la nature, il n'en existe pas moins dans notre imagination, et c'est surtout à notre imagination que le peintre veut parler. Il dit que « la peinture n'est autre chose que l'art de produire l'illusion dans l'esprit du spectateur en passant par ses yeux ». Voilà pourquoi les héros se disloquent en frappant d'estoc et de taille dans l'ardente mêlée; les chevaux poussés en avant par le vertige viennent mourir, s'abattre à nos pieds sanglants et fumants; les yeux de l'homme en fureur sortent de leurs orbites; les vaincus, les victimes, suppliants, renversés, tendent les bras avec toute la violence du désespoir. La main qui excite à la révolte commande le supplice ou lance la malédiction, grandit outre mesure, sous les touches du pinceau poussées à fond comme des coups d'épée. Le but n'est pas atteint, mais traversé.

La nature se livre parfois elle-même à ces débordements : examinez la foule au moment où un chariot vient d'écraser dans les rues encombrées un enfant, une femme : on respire dans l'air un frisson tragique; l'effroi, la colère, la pitié allument les yeux, tournent les bouches, tordent les mains et font avancer les têtes sur les cols étirés; l'équilibre anatomique est rompu; que devient la régularité des proportions et surtout cette délimination froide et dure appelée ligne ou contour? Encore si la plupart des artistes n'outraient pas ce contour, là où il est le plus nuisible à la saillie, au mouvement des corps, et ne le considéraient pas comme un moyen commode, quoique brutal, de détacher les figures du champ de la composition!

Le contour doit être exprimé délicatement et conformément aux lois naturelles. On ne saurait rendre par un trait sec la forme des objets, laquelle s'émousse dans les dégradations de la lumière et semble se noyer dans l'air. Au lieu d'accuser le contour, Delacroix le fait sentir par une touche ondoyante et légère pour abonder dans le sens de la nature dont l'élasticité est infinie, tandis que les linéistes exclusifs, Ingres et son école, en font un fil de fer. Parmi les vieux maîtres, les uns ont roidi, les autres adouci le contour. Les primitifs, en le traduisant par des lignes coupantes, ont enlevé à l'emporte-pièce les personnages du fond de leurs compositions; mais Paul Véronèse, Rubens, Rembrandt, l'indiquant librement avec le pinceau et le portant même en dehors des objets pour les faire paraître plus saillants, arrivent à un degré de vie qui nous étonne. Murillo et le Corrége l'ont complétement *fondu*.

On dit que le dessin et la couleur sont deux principes se développant au préjudice l'un de l'autre; que tel tableau est bien peint, partant mal dessiné, tel autre beau de lignes et détestable par les tons; que les coloristes ne parlent qu'à nos sens, tandis que les dessinateurs s'adressent surtout à notre intelligence. Cette division exclusive fut de tout temps un sujet de stériles querelles non-seulement en peinture, mais dans toutes les branches du génie humain : en histoire, en politique, en religion. Elles traînent dans tous les livres sous cette invariable rubrique : spiritualistes et matérialistes, penseurs et écrivains, catholiques et athées, dessinateurs et coloristes. Chaque maître a développé avec amour sa tendance naturelle la plus forte, sans rester pour cela inférieur dans les autres parties de l'art; il serait vulgaire d'ajouter qu'une qualité dominante exige de lui certains sacrifices et que ses défauts sont souvent un excès de ses qualités.

Il faudrait remuer aujourd'hui, pour vider la question entre Ingres et Delacroix, les raisons jadis invoquées par les derniers imitateurs de Raphaël contre le Caravage et Ribera, par les élèves du Poussin contre Rubens, par les fanatiques de David contre Prudhon et Géricault. Il est bien plus simple de s'en rapporter au bon sens et de reconnaître tout de suite que la Nature, ce maître à tous, dessine et colore à la fois avec une indivisible puissance. Oui, les meilleurs dessinateurs sont les plus grands coloristes, de même que les plus grands coloristes sont les meilleurs dessinateurs. Un professeur de pensionnat de demoiselles est capable de dessiner avec justesse la forme du premier objet venu, et de copier la plus vaste des compositions; mais pour cela lui faut-il autre chose que la patience, la justesse de l'œil, et à défaut de cette justesse, une loupe, un compas, un pantographe? On prend pour un beau dessin une image proprement achevée jusqu'au moindre détail avec un crayon finement taillé; ce n'est là qu'une patiente chinoiserie faite comme à la pointe d'une épingle. Regardez ces beaux croquis de Rubens écrits à grands traits, spontanément, rapidement, comme des parafes, sous l'empire d'une forte impression : quelle vie, quel feu, quelle tournure!

Ah! Raphaël, Raphaël, quel grand dessinateur! disent depuis plusieurs centaines d'années ceux-là surtout qui, ne voyant Raphaël que dans les détails, ne le comprennent pas. Les romanciers ne manquent guère de comparer leurs héroïnes aux madones de Raphaël lorsqu'ils veulent les faire belles. Eux non plus ne comprennent pas le beau, puisqu'ils en empruntent le type au maître italien sans consulter leur propre tempérament. Faut-il donc s'étonner que maint critique routinier s'écrie : Delacroix ne sait pas dessiner! Dites qu'il ne dessine pas comme les autres et qu'il ne veut pas suivre de recette; mais nul n'a plus étudié, comparé, réfléchi. Il me faudrait une année pour dresser l'inventaire raisonné de ses dessins, sans compter les feuilles volantes qu'il a dans sa jeunesse éparpillées par le monde. Je connais de lui des essais d'une obstination presque puérile, et qu'il faisait uniquement pour réussir ou pour se prouver à lui-même qu'il était capable de réussir dans les travaux les plus ingrats. S'il lui arrive de commettre des fautes et, si l'on veut, des énormités, il ne faut les attribuer ni à l'ignorance ni au manque de réflexion : tout est en lui combinaison, parti pris et logique. Il lui est sans doute difficile, avec sa nature fiévreuse, de ne pas marquer tous ses ouvrages d'un cachet d'emportement; mais soyez sûr que sa tête reste froide, lucide. Il est savant, très-savant dans son art, et, ce qui vaut mieux encore, doué de ce génie divinateur qui trouve les choses du premier coup. Ajoutez à ces facultés un acharnement continuel au travail, une ruse aiguisée par trente ans de luttes soutenues à lui seul contre tous, un esprit de personnalité qui ne cède jamais, et dites ce qu'il peut ignorer. Ne lui pardonnez rien; il sait bien ce qu'il fait. Il faut voir avec quelle subtilité il analyse les travaux des vieux maîtres, les compare aux siens propres, et quelle ardeur il tire de ces rapprochements. Cependant son génie s'incline devant les gloires traditionnelles. Il s'épanche en admirations infinies pour Michel-Ange (1), Véronèse, Rembrandt ou le Corrége; ses yeux s'allument lorsqu'il parle de Rubens; il marche alors à grands pas, s'arrête brusquement, vous presse jusque dans un coin de son atelier : « Rubens, Rubens, c'est le roi des peintres; il est grand comme Homère, et, comme lui, il anime d'un trait tout ce qu'il touche : si l'on éprouve un frisson en lisant l'*Iliade,* juste au moment où le poëte met Achille et Hector en présence, on a le cœur serré devant la toile de Rubens, où le soldat romain porte au flanc du Christ un coup de lance qui le traverse. (Musée d'Anvers.) Il y a dans ce coup de lance une impulsion, une force homérique que je n'ai jamais pu oublier ! » Delacroix, tout avide qu'il est des raffinements extérieurs de l'art, va tout de suite au caractère intime, à l'âme des tableaux.

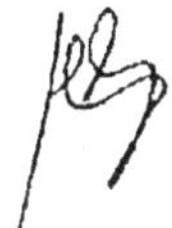

J'examinais un jour avec étonnement une de ses petites copies de Raphaël (2). Il avait exagéré les traits les plus significatifs du maître italien, pour entrer plus avant dans sa manière et s'en rendre compte. Raphaël ne manque jamais, lui, de balancer une ligne par une ligne contraire, une attitude

(1) Voir *Appendice I.*
(2) Voir *Appendice I* (Copie Chasse aux Loups).

par une attitude opposée, un pli de draperie par un autre pli; de telle sorte que toute figure devient nécessaire à l'équilibre, à l'eurythmie de la composition, tandis que les Flamands, Rubens lui-même, jettent parfois leurs personnages sur la toile avec une abondance désordonnée, comme s'ils y versaient des corbeilles de fruits ou de marée. « J'admire également Raphaël, me dit vivement Delacroix; c'est lui qui a élevé au plus haut point de perfection cette brillante découverte du génie italien, l'*arabesque de la ligne*. C'est un peintre poëte; les autres maîtres ne sont que des prosateurs. Lui seul possède cette beauté de contours et d'expression unie à la grâce, à l'idéalité. Ce mérite suprême que je trouve en lui n'est pas celui dont on l'a glorifié le plus, s'il est encore vrai que personne le lui ait reconnu aussi bien que je crois le faire. Privé de moyens qui semblent indispensables, l'imitation exacte, la couleur et l'effet, Raphaël reste encore sublime, inimitable. » Mais Delacroix revient toujours au coup de lance de Rubens par inclination de tempérament.

Oui, sans doute, le génie de Rubens est tout entier dans ce coup de lance, dans ce sang jaillissant, dans ce cheval qui culbute la multitude de son poitrail robuste, dans ces bourreaux armés de tenailles, de câbles et de marteaux. Delacroix, lui, n'a pas tant de puissance; mais quelle poésie ! Son *Christ* expire lentement, la face voilée par une demi-teinte mystérieuse aux regards insolents de la populace; cette agonie, toute violente qu'elle est, n'a rien de grossièrement pantelant; les dernières lancinations de la douleur physique tordent les mains et les pieds cloués; le sang jaillit des blessures béantes; mais non pas avec cette horrible abondance qui fait du Calvaire un abattoir. Pour pousser à bout l'effet de son tableau, Delacroix n'a pas manqué d'agiter la nature extérieure : la terre tremble, le ciel s'obscurcit, le soleil traverse de lueurs ensanglantées les nuages noirs qu'un vent tempêtueux roule les uns contre les autres et traîne vers la terre comme des crêpes déchirés. La foule enveloppée de ténèbres s'épouvante, reconnaît la mort du Juste et la colère de Dieu.

Le génie ambitieux du grand artiste voudrait à chacune de ses émotions remuer la création entière : dans *Pietà*, que l'on voit au fond d'une obscure église de Paris, le paysage est sombre et désolé comme l'âme de la mère qui pleure sur le corps de son enfant mort; dans le *Naufrage de Don Juan*, les malheureux sont perdus entre deux infinis : la mer qui va les engloutir et le ciel qui déroule au-dessus de leurs têtes ses mornes profondeurs. Le peintre accumule les horreurs de la vie : la Guerre et la Peste travaillent ensemble dans le *Massacre de Scio ;* on n'y voit plus d'hommes, ils sont tombés dans le combat; deux ou trois seulement demeurent entourés de femmes et d'enfants : l'un s'élance d'un bond à la bride du vainqueur qui tire le sabre impassiblement, et dont le cheval se cabre et se hérisse en traînant une jeune fille attachée à ses crins; l'autre expire, soutenu par sa femme expirante; l'enfant est renversé sur le sein de sa mère déjà décomposée par la mort; l'aïeule accroupie attend dans l'inertie du désespoir que les pieds des cavaleries viennent l'écraser. On ne cesse de s'égorger dans les lointains fumants de la toile implacable, et les villages incendiés flambent au loin sous un ciel étouffant, chargé de miasmes putrides et de vapeurs de sang.

L'homme est toujours poursuivi par le malheur d'un bout à l'autre de l'œuvre de Delacroix; il trempe la terre de sueur, de sang, de larmes, et marche toujours en avant sous le fouet de la Destinée. Rarement il prend un moment de repos : ce n'est guère que dans le tableau de la *Noce juive* qu'il semble se réjouir; dans tous les autres on entend retentir la voix de la Désolation. Les insurgés de la *Barricade* s'enivrent de poudre et de soleil au fond d'un quartier noir et tortueux de la vieille *Cité*, entre l'Hôtel de ville qui les mitraille, l'Hôtel-Dieu qui les repousse et la Morgue qui les attend; hommes et chevaux sont précipités du haut des parapets du pont de *Taillebourg; Hamlet* promène ses tourments, *Lady Macbeth* ses épouvantes, *Othello* ses fureurs, et le cadavre d'*Ophélie* flotte dans la rivière aux longs herbages.

Voici *Faust, Marguerite, Méphistophélès, la Mort de Valentin, Marino Faliero, Sardanapale, l'Evêque de Liége, le Prisonnier de Chillon, Lara,* le *Giaour, Boissy-d'Anglas, les Croisés à Constantinople, les Convulsionnaires de Tanger;* les passions, les crimes, les malheurs de l'histoire, les sombres rêves des poëtes. Non-seulement le peintre exalte à l'infini la physionomie de ses héros, mais il nous les fait voir, je ne sais par quelle magie, à travers des couleurs dont chacune rappelle à la fois un trait de la nature et une aspiration de l'âme : il poursuit entre le bleu et le vert l'immensité du ciel et de la mer, fait retentir le rouge comme le son des trompettes guerrières, et tire du violet de sourds gémissements. C'est ainsi qu'il retrouve dans la couleur les chants de Mozart, de Beethoven et de Weber.

Il ouvre à l'imagination des profondeurs inouïes dans le champ de ses tableaux; il ne cesse d'agrandir la carrière à la dévorante activité de l'homme : il environne à perte de vue le triomphe des *Croisés* du panorama féerique de Constantinople; un ciel chargé de neige et la monotone étendue des plaines de la Lorraine ajoutent à l'effet de la *Bataille de Nancy,* dont les légions s'entrechoquent avec tant de furie. Tantôt l'artiste pathétique engage une armée dans l'étroit passage d'un pont, comme à *Taillebourg,* pour renforcer le carnage par une lutte corps à corps; tantôt il souffle comme un démon tous les feux de l'orgie et du meurtre dans l'âme des Liégeois révoltés, et jette leur évêque éperdu, fou de terreur, au milieu de ses convives ameutés. Mais Delacroix atteint le dernier terme du fantastique et du terrible dans le *Boissy-d'Anglas.* Le peuple s'engouffre comme un fleuve colère dans l'enceinte de la Convention nationale. Murailles, escaliers, galeries, craquent et chancellent; ouvriers, clubistes, guenillards, montent les uns sur les autres en se cassant les membres; les représentants restent immobiles; le président contemple sans frayeur la tête sanglante de Féraud qui lui est présentée au bout d'une pique, et les tricoteuses penchées du haut des tribunes éclatent en tonnerres d'applaudissements. Un jour rare glisse péniblement dans la salle par-dessus les têtes qui foisonnent; la poussière soulevée par les trépignements vole en tourbillons dans cette atmosphère orageuse, traversée par l'éclair livide des baïonnettes.

Delacroix (Ferdinand-Victor-Eugène) est né à Charenton-Saint-Maurice, banlieue de Paris, le 7 floréal an VII (26 avril 1799). Son père, Charles Delacroix, successivement député à la Convention nationale, ministre du Directoire, préfet de Marseille et de Bordeaux, était une de ces fortes et agiles natures qui passèrent du régime de la Terreur à celui de l'Empire sans laisser leur tête à moitié chemin. L'enfance d'Eugène Delacroix est pleine d'accidents : le feu prend à son berceau pendant son sommeil et l'enveloppe; il s'empoisonne avec du vert-de-gris qui servait à laver des cartes géographiques; il manque de s'étrangler, une première fois, en avalant une grappe de raisin; une seconde, en jouant avec les courroies de la sabretache de son frère aîné, capitaine des chasseurs de la garde, et il tombe dans le port de Marseille, d'où il est retiré demi-mort par un matelot. « C'est un fou, dit-il, qui a tiré mon horoscope : une bonne me menait par la main à la promenade, lorsqu'il nous arrête; elle cherche à l'éviter; le fou la retient, m'examine attentivement trait par trait, à plusieurs reprises, et dit : *Cet enfant deviendra un homme célèbre; sa vie sera des plus laborieuses, des plus tourmentées et toujours livrée à la contradiction.* Vous le voyez : je travaille et je suis encore contesté; ce fou était un devin. Ce que c'est que la prédestination ! »

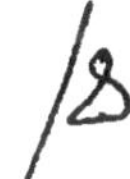

Delacroix entra, à neuf ans, au lycée impérial où Géricault, qui se faisait toujours mettre à la porte de la classe, terminait alors ses études, et il vit pour la première fois, un jour de sortie, le Musée Napoléon resplendissant de chefs-d'œuvre :

la *Transfiguration* de Raphaël, les plus beaux Rubens, la *Déposition de Croix* du Corrège, le *Saint Pierre* du Titien, le *Saint Marc* du Tintoret, en un mot « tout ce que la peinture avait produit de plus parfait pendant trois siècles ». La vue de ces tableaux décida de sa vocation; en sortant du Musée il était peintre. A dix-huit ans, il entra dans l'atelier de Guérin, qui ne l'aima jamais. « Ici commencent à se montrer, dit-il, les premières tendances de ce *romantisme* dont l'opinion m'a fait, pour ainsi dire, le chef patenté. Si l'on entend par mon romantisme la libre manifestation de mes impressions personnelles, mon éloignement pour les types calqués dans les écoles et ma répugnance pour les recettes académiques, je dois avouer que non-seulement je suis romantique, mais que je l'étais à quinze ans; je préférais déjà Prudhon et Gros à Guérin et à Girodet. »

En 1822, l'artiste envoya au Salon son premier tableau, le *Dante et Virgile*.

Le *Massacre de Scio* terminé sous l'impression des événements qui désolaient alors la Grèce, Delacroix obtint la permission d'y faire, avant l'exposition publique, quelques retouches dans la *salle des Antiques* du Louvre. Girodet lui fit des compliments, en passant, pour les figures de la mère morte et de l'enfant renversé; mais il trouvait un œil un peu dépaysé dans le visage si émouvant de cette femme : « Je vois bien l'incorrection, répondit Delacroix, mais puisque vous me dites que la physionomie est expressive, je me garderai bien de la retoucher; il n'est plus temps. » Delacroix est tout entier dans cette réponse (1).

Il venait de rompre avec ce reste de sagesse encore sensible dans le *Dante et Virgile*. L'opinion échauffée par les extravagances de la critique éclatait en coteries haineuses. Le *Christ au Jardin des Oliviers*, *Justinien*, l'allégorie de la

---

(1) La réponse de Delacroix à Girodet fut, d'après un autre récit, plus dure. Voir DELACROIX; *Œuvres littéraires*, t. II, p. 233 (Crès et Cie, éd.)

Grèce, Marino Faliero, furent successivement bafoués; mais, dès l'apparition du *Sardanapale,* le peintre ne fut plus jugé digne de la lumière du soleil.

M. de La Rochefoucauld, directeur des Beaux-Arts, tança le novateur audacieux, qui lui répondit : « Le monde entier ne m'empêchera pas de voir les choses à ma manière (1). » Mis à l'index, il épancha sa verve en lithographies dont l'extravagance prétendue faisait fuir les bourgeois loin des étalages du boulevard.

La première des deux collections, qu'il publia de 1825 à 1828, est une interprétation de médailles et de pierres gravées antiques choisies dans la collection de M. le duc de Blacas. Ces lithographies résument la pratique de Delacroix dont le principe n'a fait que se fortifier par la suite. Si l'*Entrée des Croisés à Constantinople* surpasse le *Massacre de Scio,* Delacroix est dans l'un comme dans l'autre tableau avec ses émotions, sa fierté, ses erreurs.

La seconde série de lithographies est une illustration de *Faust :*

« Je retrouve dans ces images, disait Gœthe, toutes les impressions de ma jeunesse (2). »

Arrive la révolution de 1830. Le nouveau gouvernement demanda deux tableaux à Delacroix : *Jemmapes* et *Valmy ;* mais l'artiste, encore agité par les scènes du 29 juillet, aima mieux peindre sur une barricade cette *Liberté* qui inspirait en même temps Auguste Barbier, le seul poète de notre temps qui ressemble à Delacroix par la virulence des pensées, la vibration de la couleur, la force du mouvement et l'incorrection de la forme.

L'*Amende honorable, intérieur de couvent,* parut en 1831. Cette même année, le peintre, attaché à une petite légation, partit pour le Maroc.

« Maroc, dit-il, m'a fait grand effet : cette vie de camp,

(1) Voir Delacroix : *loc. cit.,* t. II, p. 224.
(2) Voir *Appendice I.*

ces longues courses à cheval, ces rivières passées à la nage, au milieu des coups de fusil (car il n'y a ni ponts ni bateaux, — pour ne pas favoriser l'évasion des voleurs, me disait bonnement un des ministres d'Abd-err-Rahman), — toutes ces émotions de la vie d'aventures me remuaient profondément; je ne pourrais vous les exprimer que si mon cœur avait un langage. La physionomie de ce pays restera toujours dans mes yeux; les types de cette forte race s'agiteront tant que je vivrai dans ma mémoire; c'est en eux que j'ai vraiment retrouvé la beauté antique. Je faisais mes croquis au vol et avec beaucoup de difficulté, à cause du préjugé des musulmans contre les images; j'arrivai néanmoins à faire poser de temps en temps hommes et femmes pour quelques pièces de monnaie dans les salles du consulat français. Le modèle avait ordinairement une rare intelligence de mes moindres intentions; mon croquis fait, il le prenait, le tournait et le retournait en tous sens avec la curiosité du singe qui cherche à lire un papier, et le remettait en place, riant de pitié pour moi qui pouvais m'attacher à de telles puérilités. Un de ces Arabes voulut pourtant garder son portrait : c'était un jeune homme superbe et marqué au front d'un signe bleu que les mères marocaines impriment à leur enfant le plus beau pour le recommander à la clémence du Sort. Autre plaisir que j'avais : l'étude des chevaux arabes. Ils ont sous le ciel natal un caractère particulier de fierté, d'énergie, qu'ils perdent en changeant de climat; il leur arrive assez souvent de se débarrasser de leurs cavaliers pour se livrer des batailles qui durent des heures entières : ils se prennent à belles dents comme des tigres et rien ne peut les séparer; les souffles rauques et enflammés qui sortent de leurs naseaux écarlates, leurs crins épars ou empâtés de sang, leurs jalousies féroces, leurs rancunes mortelles : tout en eux, attitudes et caractère, sent l'héroïsme de la nature primitive (1). »

(1) Voir le *Journal* de Delacroix (Plon et Nourrit, 1893), p. 145-185.

Qui ne reconnaîtrait à ces paroles la première impression des *Exercices militaires des Marocains* (1) et du *Choc de cavalerie arabe*? Ces chevaux volent comme des hippogriffes.

Tous les maîtres ont peint le cheval avec amour dans leurs compositions les plus splendides : Delacroix en a fait l'émule de l'homme : voyez la furie des chevaux du *Giaour* et du *Pacha* et l'effort désespéré de l'étalon noir de Charles le Téméraire! *(Bataille de Nancy.)* Dans la *Bataille de Taillebourg*, le cheval monté par saint Louis, et dont le poitrail s'écarte, se développe jusqu'à la difformité, fait tomber les rangs ennemis comme des pans de muraille. L'autre cheval qui meurt dans un coin du tableau est à lui seul un épisode des plus émouvants; le coursier d'*Attila* souffle l'épouvante et la mort. Le peintre bâtit avec grandeur les noyaux musculeux de ces animaux incomparables et fait jouer dans leurs robes les finesses, les transparences de sa couleur. Il peint les lions et les tigres, comme Rubens et Sneyders; mais il leur donne quelquefois une tournure fantastique.

Quelques portraits, la *Bataille de Nancy*, les *Femmes d'Alger*, le *Prisonnier de Chillon*, *Saint Sébastien*, les *Peintures du Salon du Roi* (Paris), la *Bataille de Taillebourg*, *Médée furieuse*, *Hamlet et les Fossoyeurs*, la *Justice de Trajan*, les *Croisés à Constantinople*, le *Naufrage de Don Juan*, la *Noce juive au Maroc*, les *Dernières Paroles de Marc-Aurèle;* la traduction du drame de Hamlet en lithographies, la *Sibylle*, *Muley-Abd-err-Rahman entouré de sa garde*, les *Peintures de la bibliothèque du Luxembourg* (Paris), les *Adieux de Roméo et Juliette*, le *Christ en croix*, les *Exercices militaires des Marocains* (2), les *Peintures de la bibliothèque des Députés* (Paris), le *Christ au Tombeau*, la *Mort de Valentin*, le *Plafond d'Apollon au Palais du Louvre*, la *Résurrection de Lazare*, les *Disciples d'Emmaüs*, les *Peintures du Salon de la Paix*

(1) Voir *Appendice I.*
(2) Voir *Appendice I.*

à l'Hôtel de ville de Paris; plusieurs scènes arabes, *Jésus endormi pendant la tempête, Weisslingen pris dans une embuscade;* les trois esquisses pour la chapelle des Saints-Anges à l'église Saint-Sulpice de Paris; *Michel terrassant le Démon,* la *Lutte de Jacob, Héliodore chassé du Temple;* quelques tableaux d'animaux, de fleurs et de fruits; la *Chasse aux Lions,* sa plus récente débauche de couleur, et les *Deux Foscari,* triple chef-d'œuvre de mise en scène, de couleur et d'expression, qu'il achevait la veille de l'Exposition universelle de 1855 avec la vaillance de la jeunesse, la sécurité de l'âge mûr et la subtilité du génie consommé : voilà, par ordre, les travaux les plus importants qui ont presque entièrement rempli l'infatigable vie de Delacroix. Son œuvre est tellement abondant qu'il ne m'est pas possible de l'exposer ici en détail. Cette fécondité, cette variété des moyens que l'on retrouve depuis sa plus petite lithographie et son moindre griffonnage à la plume jusqu'à ses plus vastes compositions peintes, cette affluence de motifs qui ont assiégé son esprit, le placent à la suite des vieux maîtres. Comme eux aussi, il s'est répété à satiété. C'est là un des côtés ennuyeux de la peinture.

Delacroix est dévoré par la soif de l'immortalité, avec un air de scepticisme. Dédaigneux du présent et de ses misères, il ne pense qu'à l'avenir dont il attend plus d'intelligence et de justice. « Que pensera-t-on de moi quand je serai mort ? » demande-t-il parfois. Il se donne mille soucis pour prévenir l'altération de ses tableaux; il les traite comme des enfants malades, les baigne dans l'huile, s'afflige pour eux des caprices de l'atmosphère, du hasard des voyages; fait toute sorte d'expériences sur la qualité des couleurs et des toiles, frémit à l'idée de la destruction et multiplie ses sujets avec acharnement. « Les peintres devraient songer, dit-il, à la fragilité de leurs productions : un incendie va consumer des milliers d'ouvrages; des accidents sans nombre conspirent contre le bois et la toile, ces dépositaires de leurs inspirations. Ne semble-t-il pas qu'en multipliant leurs travaux dans la mesure de leurs forces, ils augmentent la chance de surnager sur la mer de l'oubli? »

Cette fureur de travail lui a fait prendre en horreur tout ce qui peut troubler son application. Son amour de la solitude devient de jour en jour plus sauvage; il s'enfermerait dans un antre pour n'y pas être dérangé... Travailler à l'abri des besoins matériels, voilà la préoccupation de toute sa vie. La peinture est pour lui « cette maîtresse jalouse qui veut avoir son homme tout entier. » Aussi lui fait-il jour par jour le sacrifice de ses plaisirs et de sa santé; il mourra le pinceau à la main. Je tremble pour ce noble artiste, si courageux et si frêle, quand je le vois s'engager sous les humides voûtes de Saint-Sulpice, impatient de laisser un chef-d'œuvre de plus sur les murailles durables d'un monument.

Et comme il aime les lettres! Il va, de temps en temps, s'enfermer avec ses livres et ses papiers dans sa petite maison de campagne. Il connaît à merveille les historiens, les poëtes, les romanciers de tous les pays. Il en parle à ravir. Il met bien au-dessus de l'allure héroïque de Corneille la perfection et la finesse de Racine (1). Shakspeare le charme par ses côtés rusés, vigoureux et terribles; il a pris à Byron des situations heureuses; mais ses héros lui semblent fanfarons. Au reste, son intelligence, capricieuse comme la gourmandise, passe de Dante à l'Arioste aussi facilement que de Shakspeare à Racine. — Les phrases du XIXe siècle l'ennuient.

Ce séduisant causeur montre l'imprévu, l'originalité de Stendhal dans ses notes écrites à bâtons rompus; il a aussi les phrases inégales, les périodes boiteuses, les ellipses obscures, tous les défauts particuliers à l'auteur de *Rouge et Noir* et de la *Chartreuse de Parme* (2). Il devient tendu et timide dès qu'il s'applique à la régularité du style. En recherchant la pureté, il se refroidit et s'éteint, lui naturellement si chaud,

---

(1) Que trouve Delacroix dans Racine? Ce qu'il n'a pas lui-même : la correction, le fini dans la grandeur.

(2) Voir *Appendice I*.

si brillant. Mais, en homme supérieur, il laisse dans tout ce qu'il écrit quelque trait de génie : sa description du *Champ de bataille d'Eylau* respire l'énergie, et sa tirade sur le malheureux ménage de Prudhon est d'une âpreté comique (1). Il a non-seulement l'insigne honneur d'être un grand peintre, mais encore un des esprits les plus alertes, les plus aimables, les plus pénétrants. Il connaît son temps en politique raffiné, et, s'il écrivait ses Mémoires, je suis certain qu'il charmerait les dilettanti.

L'artiste n'a pas beaucoup voyagé; il n'avait guère fait, avant son départ pour le Maroc, qu'une tournée en Angleterre et une autre en Espagne. Il n'a pas vu l'Italie. Gros, qui avait admiré ses débuts, le mit en fuite en lui proposant de lui faire obtenir le prix de Rome (2).

Rebelle à toute servitude, il n'aurait pu vivre ni sous l'influence d'une école ni au sein de cette noble ville, devenue à ses yeux l'asile officiel des artistes inférieurs qui, n'ayant rien à tirer d'eux-mêmes, s'accommodent facilement de la tâche qui leur est imposée d'imiter ou plutôt de mal copier les chefs-d'œuvre des morts. Les plus opiniâtres d'entre ceux-là peuvent arriver à l'Institut, après avoir pour ainsi dire pris l'Italie par doses médicinales; mais s'élever au génie, jamais. Rembrandt n'a pas eu besoin d'étudier l'Italie pour montrer sa puissance dans la *Leçon d'anatomie* et dans la *Ronde*, deux merveilles de l'inspiration libre. Delacroix, heureusement pour lui, n'a rien pris du bagage académique de son maître Guérin. Il a tourné à son profit toutes les connaissances, sans rien sacrifier de son individualité, et gardé, chose si rare, sa griffe de lion. Ses erreurs, ses faiblesses, ont même tourné à sa gloire. Il n'a jamais pu faire d'élèves, malgré l'immense prestige qu'il a exercé, qu'il exerce et qu'il exercera toujours. Génie à la fois séduisant, fier et solitaire

---

(1) Voir DELACROIX : *loc. cit.* t. II : *Essai sur les Artistes célèbres.*
(2) Voir l'ouvrage ci-dessus, t. II, p. 228.

au milieu d'une génération banale, il ne laissera pas un pâle successeur, un seul petit Flinck, comme l'a fait Rembrandt, et ceux qui essayeront de le suivre tomberont dans les abîmes, n'ayant pas comme lui la force de la tête et du cœur. A quoi servent d'ailleurs les imitateurs, menue monnaie des grands hommes?

Le caractère le plus frappant de l'œuvre de Delacroix est l'invention. Ses drames n'ont qu'une vérité poétique; ce sont des évocations fixées sur la toile. Il fait presque tous ses tableaux sans modèles, après bien des années d'études d'après nature. Il lui arrive de faire poser un homme, une femme, un enfant devant lui, si sa mémoire hésite; encore ne prend-il de leurs formes et de leurs expressions que le côté le plus sympathique à son humeur; il les voit selon ses rêves. Pour lui, toute peinture est la combinaison de types qu'il a vus et dont il se souvient avec ses propres passions; il éclaire ses tableaux des lueurs de son âme. Il n'ignore pas, au reste, que chaque artiste trouvera toujours dans son propre tempérament à quel degré le modèle vivant lui est nécessaire : « Holbein, dit-il, est sublime par son imitation exacte. Le Corrége, Michel-Ange, ne sont-ils pas sublimes aussi, bien que leurs figures manquent de régularité? N'est-il pas vrai de dire que ce que l'on appelle l'idéal est tout ce qui va à notre idée, imité ou inventé? Qu'est-ce donc que ce qui va à l'idée et frappe l'âme? C'est le je ne sais quoi, l'inspiration. »

Delacroix a fait la conquête des salons et entraîné les ministres plutôt par son esprit que par ses ouvrages. En lui, l'homme du monde a sauvé l'artiste. Pendant qu'il était loué à faux par ses meilleurs amis et insulté par ses ennemis, il faisait ces réflexions mélancoliques : « Il est malheureusement trop certain que la supériorité du talent ne suffit pas pour mettre la gloire elle-même à l'abri des variations de l'opinion et de la mode. Il est des talents privilégiés qui ont été entourés tout de suite d'une admiration à laquelle le temps n'a fait qu'ajouter. Les grands artistes qui ont brillé par la grâce, le charme et la noblesse de leurs inventions, ont peut-être conquis plus rapidement que les autres l'unanimité des suffrages. Raphaël, Léonard de Vinci, Paul Véronèse, Cimarosa, n'ont pas longtemps attendu la justice de l'opinion. Au contraire, les génies austères, qui sondent les abîmes de l'âme et saisissent plus volontiers dans leurs peintures le côté terrible et pathétique des choses humaines, exercent un empire plus restreint et plus contesté. La violence ou la singularité de leurs inspirations les isole des sentiments ordinaires et fait que leurs qualités mêmes sont l'objet d'une éternelle discussion. »

Je me trouvais avec l'illustre artiste à l'exposition des tableaux de Mme la duchesse d'Orléans; des niais qui ne le connaissaient pas de vue riaient en sa présence de ses meilleurs ouvrages : « Voilà déjà plus de trente ans que je suis livré aux bêtes, » me dit-il, le visage pâle et la voix tremblante (1). M. Vitet, de l'Académie française, comparait un jour Delacroix à M. d'Arlincourt; Lamartine — poëte aveugle — lui attribuait innocemment quelques pauvres peintures de M. Vinchon, et l'accablait d'éloges; un journaliste balbutiait un jour dans son ivresse : « M. Delacroix peint avec un balai ivre. »

Un critique officiel le compare ainsi à Victor Hugo : « Le peintre a plus d'esprit, de naturel et de souplesse que le poëte; il est parfois sauvage, il n'est jamais faux; il est plus juste envers lui-même et il se connaît mieux. Aussi, à notre avis, M. Eugène Delacroix restera-t-il plus grand peintre que M. Victor Hugo grand poëte. » Le même critique reproche au poëte et au peintre un égal amour pour les accessoires au détriment du sujet. Cela n'est pas juste. M. Hugo n'a jamais manqué, lui, de sacrifier la pensée à la forme; Delacroix, altéré d'émotions, n'abandonne jamais la pensée qui seule

(1) Voir *Appendice I*.

les fait naître. On voit dans ses tableaux encore plus de mouvement que de splendeur; plus de passion que de pompe. Son âme embrasse la scène et les acteurs : jamais les bannières flottantes, le son des trompettes, le hennissement des chevaux ne font oublier chez lui, comme chez le poëte, la violence intime des héros (1).

C'est par les accessoires mêmes que le peintre redouble d'énergie : la chaîne de fer du *Prisonnier de Chillon* est tellement tendue qu'on la dirait elle-même animée et près de se rompre sous l'effort désespéré du captif ; le grand panache noir qui se balance sur le front de l'orageux Hamlet se marie — effet sublime — aux nuées de ce ciel d'orage.

Ce qui fait de Delacroix un des plus grands artistes du XIXe siècle, c'est qu'il réunit les facultés du peintre, du poëte et de l'historien. Il sème, avec une abondance qui étonne le dramaturge, les passions sur sa toile et dans l'âme du spectateur comme des graines funestes. Il rappelle Rembrandt par l'expression des physionomies et le prestige des effets de lumière; Véronèse par l'esprit, la finesse, le charme de la couleur; Rubens par la splendeur des décorations et la crânerie de la main; Michel-Ange par le grandiose et Ribera par le terrible. Il séduit et emporte tour à tour les intelligences hautaines et les cœurs aventureux par l'amour du beau et de l'héroïque, par l'audace, la ruse, la force et la noblesse. Il est surtout l'homme de notre temps, plein de maladies morales, d'espérances trahies, de sarcasmes, de colères et de pleurs. L'ignorance et l'envie ne l'ont pas un instant arrêté dans sa glorieuse carrière et ne prévaudront jamais contre lui devant la postérité (2).

---

(1) Ce parallèle est à rapprocher de celui de Baudelaire in *Salon de 1846* (p. 20 du t. I. des *Variétés Critiques* de cette même *Bibliothèque dionysienne*, Crès et Cie, éd.).

(2) Voir *Appendice I*

DOCUMENTS NOUVEAUX

SUR

EUGÈNE DELACROIX

Paris, lundi 15 février 1864.

Verrons-nous jamais cette triste égalité où « il n'y aura plus ni héros ni grands hommes » ? Le fait est que l'amour du beau et de l'héroïque baisse de jour en jour, et que notre indifférence frise déjà l'abêtissement. Une mascarade fera jaser la presse entière ; la promenade du bœuf gras et la mort d'un marchand de crayons agitent tout Paris ; mais si une gloire nationale s'éteint comme un soleil, nous voilà tous plus surpris et plus muets qu'un troupeau de moutons dans une éclipse. Après quelques jours de réflexion, nous n'avons pas même su faire à Eugène Delacroix les obsèques royales qu'Anvers, la ville des marchands, fit à Rubens. Un piquet de gardes nationaux est planté autour du cercueil ; quelques pédagogues palmés éternuent sur la tombe un éloge irritant ; les cœurs chauds sont réduits au silence... et voilà les funérailles de Patrocle sans Achille, faites à Delacroix, qui a frappé quarante ans l'intelligence et le cœur de son pays.

Tout ce qu'il restait de l'œuvre où brûlent les dernières ardeurs de l'Art français sera crié après-demain aux enchères de l'hôtel Drouot. Pendant deux semaines encore l'on vendra, chaque après-midi, les innombrables dessins et griffonnements du plus vaillant et du plus noble des artistes.

Ainsi seront dispersées comme des feuilles mortes tant de pages si vivantes; et ceux qui les sentaient le mieux, n'étant pas assez riches pour les acquérir, ne les verront plus.

Heureux Turner, qui comptait assez sur la noblesse et l'enthousiasme de ses compatriotes pour léguer son œuvre à l'Angleterre !

L'exposition des ouvrages d'Eugène Delacroix (1), — nous le disons avec un profond regret, — devait être beaucoup mieux combinée qu'elle ne l'est pour sa gloire : ni le gros du public ni les connaisseurs ne peuvent étudier suffisamment en trois journées de l'hôtel des Ventes, c'est-à-dire en douze heures, ces huit cent cinquante-huit articles inscrits au catalogue, et comprenant ensemble plusieurs milliers d'images peintes ou dessinées !

Beaucoup de ces sujets n'étant que le premier bouillonnement plus ou moins arrêté de l'impression, il fallait donner au spectateur le temps de les examiner. Que d'utiles conversations auraient eu lieu sur place ! La renommée de l'auteur se serait encore élevée avec le chiffre des enchères, puisque nous estimons entre tout ce qui nous coûte le plus d'argent.

Le temple des vendeurs sera donc purifié pour quelques jours par les reliques d'un grand maître. La curiosité y fera foule; mais quel malheur de ne revoir ces inventions si fières qu'à travers le dos des brocanteurs et par-dessus l'épaule des philistins !

Il y avait hier exposition particulière des tableaux et des esquisses. On n'y entrait que sur lettre d'invitation. Ces trois petites salles ont été de suite pleines de visiteurs en quatre catégories : les amis de l'artiste, ses ennemis, les fanatiques et les gens du monde. Le caractère tranché de ces ouvrages ne permettant pas l'indifférence, les visiteurs étaient fort

(1) Exposition posthume des œuvres de Delacroix (1864), à la Société nationale des Beaux-Arts, 20, boulevard des Italiens. (N. de l'E.) Voir *Appendice I.*

animés. Les Prud'hommes n'ont pas fait là long séjour ; mais les mondains qui, dans les musées, les concerts et les réunions littéraires, signalent ordinairement leur ferveur, y sont restés assez longtemps à gesticuler et à s'exclamer, en se creusant la tête par pléonasme.

Il est certain qu'il faut être assez avancé dans l'initiation artiste pour sentir et comprendre les beautés ou, si l'on veut, les beautés en germe, dans ces toiles inachevées. Un air de grandeur les enveloppe, un frisson de sensibilité les agite ; des éclairs d'enthousiasme illuminent les morceaux les plus élémentaires ; et l'on peut y saisir au passage le vol enflammé du génie. La nature extérieure, réfléchie ou plutôt transfigurée par l'imagination, rayonne ou s'assombrit dans ces paysages ; la lumière et la couleur s'y associent ou s'y opposent au caractère des passions humaines : un ciel chargé de neige, obscur comme une crêpe et sillonné de lueurs sanglantes, enveloppe la *Bataille de Nancy* ; la mêlée paraît d'autant plus furieuse que les pennons des deux armées tournoient et volent ainsi que des vautours dans de vifs courants d'air.

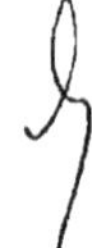

Dans la *Bataille de Poitiers*, un ciel d'azur vibrant et joyeux répercute comme à plaisir de colline en colline les estocades, les chocs et les ébranlements du combat. C'est un jour de gloire pour ce vaillant roi Jean, qui s'est fait de son cheval mort une barricade ou plutôt une marche de trône.

La fauve lueur des apothéoses guerrières éclaire *Taillebourg* où l'audace, la confusion et le désordre sont le comble de l'art, même après le sublime *Thermodon* de Rubens. Eugène Delacroix pousse à bout cette violence du cœur et de la main, qui fut la devise du Tasse. Saint Louis est ici, par sa témérité et son acharnement, l'image étonnante de cette chevalerie française, qui dit plus tard par la bouche d'un Guise ce que Delacroix a pu dire à son tour : « Élevons notre renommée sur les ruines de notre propre corps ! »

Voyez ces hommes d'armes frappant comme des cyclopes ;

ces chevaux effrénés, aux crins sifflants, aux naseaux écarlates, aux yeux de braise, aux jarrets d'acier ! Vertigineusement lancés sur cette tassée de combattants plus impénétrable qu'un mur, ils tombent pêle-mêle avec un désespoir épique du haut des parapets dans la rivière où d'autres ennemis se massacrent encore en se noyant.

La valeur moderne est aussi énergiquement sentie et rendue que la vieille valeur française dans le *Soir d'une bataille*, peint à l'instar de Géricault. Un cuirassier blessé se soulève au milieu des chevaux morts sous la canonnade, et dont les flancs sont déchirés par les boulets. La nuit profonde, mais transparente, laisse voir autour des pauvres bêtes et du malheureux soldat, jusque dans le lontain, toute la funèbre jonchée que les oiseaux et les chacals dévoreront.

Ce noir Mautfaucon, étudié d'après nature et ennobli par un grand esprit, restera l'un des épisodes les plus navrants de la peinture militaire.

L'ébauche de l'*Evêque de Liége* est une de ces fournaises où l'artiste forgeait du premier coup ses inventions; mais la *Sibylle*, par contraste, a été parachevée dans tout le repos et toute la fraîcheur de l'intelligence. C'est un idéal de femme à la Delacroix; c'est-à-dire la beauté physique contestable, primée par le caractère plus noble et plus frappant de l'expression. La vie de la *Sibylle* est l'opposé de celle des statues : son calme et son immobilité ne sont qu'apparents; le travail intérieur de la pensée la tourmente; ses yeux fiers, doux et meurtris ont un regard à la fois humain et surnaturel, qui excite l'amour, la mélancolie et la passion de la gloire. Elle indique à l'entrée de ce *lucus* mystérieux « le rameau d'or, conquête des grands cœurs. » Delacroix l'a eu, ce fatal rameau; mais on ne sait guère au prix de quels tourments et de quelle constance !

Sur les deux heures de l'après-midi, cette exposition particulière était autrement pleine que les expositions publiques. On étouffait; on n'y voyait plus; à peine si M. Reiset, qui

détestait tant Delacroix, pouvait ouvrir passage à une illustre princesse. Mme et Mlle Pierret, MM. Millet, Chenavard, Gambetta, Victor Rhodes, Jeanne Silvestre, Alfred Stevens et une multitude de personnes distinguées avaient grand'peine à se mouvoir.

Le sentiment le plus humble mérite tous les éloges, quand il est vif et sincère : Julie Colin, excellente femme, restée dix ans au service de Delacroix, s'est mêlée comme à la dérobée à cette brillante foule; et, à la vue des tableaux de son illustre maître, elle s'est vite réfugiée dans un coin sans pouvoir étouffer ses sanglots... Elle a disparu comme elle était entrée.

M. Berryer, l'ami et le parent de l'artiste, allait de bonne heure, le catalogue à la main, d'une toile à l'autre, murmurant des paroles sympathiques : « Quel esprit, quelle vivacité, disait-il; admirable Delacroix ! Presque tous les ans, il venait me donner une quinzaine de ses journées à la campagne : moments délicieux ! il me charmait de mille manières, surtout par sa conversation sur la littérature; et il ne s'occupait presque pas de lui-même. »

M. Thiers n'était pas là. Ovation manquée. Nous l'avons rencontré vers les cinq heures du soir, en guêtres grises, à la colonne Vendôme.

Mardi 16 février.

La foule s'est ruée à l'Exposition. L'on n'a vu les tableaux que furtivement, en allongeant le cou entre des bras, des reins, des chapeaux et des *hampes* de parapluies. Une atmosphère d'étuve, chargée de rhumes et de fluxions de poitrine, n'a effrayé ni hommes ni femmes. Les faces pâles et les visages apoplectiques contrastaient violemment; la couleur générale des physionomies était intense, sinon harmonieuse. En quatre heures, pas une âme n'est sortie; impossible, d'ailleurs : les salles adjacentes et les corridors latéraux étaient combles; on s'y aplatissait comme dans le *Martyre de saint Symphorien*, mais beaucoup mieux.

Mercredi 17 février.

Aujourd'hui, premier jour des enchères, nouvelle cohue, frappant une heure trop tôt aux portes de l'Exposition, au quart remplie d'avance d'amateurs connus et de privilégiés. Deux heures sonnent : entrée frénétique. Un troupeau poursuivi par des loups ne se jette pas plus haletant au bercail. Piétinements, bondissements de banc en banc... et pas de côtes rompues, pas de jambes cassées !

M. Berryer souriait, le binocle appendu à sa chaîne d'or. On remarquait Mmes Pierret, MM. Rivet, Carrier, Riesener, Paul Huet, Andrieu, le marquis Maison, Reiset, Henri Delaborde, Étienne Arago, Paul Meurice, Vacquerie, Eugène Piot, Henri de la Madelène, Alfred Sensier, Paul Tesse, Barroilhet, Daumier, Bonnet, Joseph Fioupou, de Planet, de Valerne, Busquet, Prouha, Bauchet et une infinité d'artistes, de marchands et de personnes commissionnées, de Paris, de la province et de l'étranger. MM. Lacaze, Delage, Dauzats, Saint-Marcel, Jadin, Champfleury, Mène, Dieterle, Lehmann, Thoré, le critique démocrate, et Haro, le marchand de couleurs, étaient là, le crayon frais taillé pour marquer le prix de chaque objet à cette vente mémorable. Tout le monde sentait qu'il avait affaire à un maître dont le nom et l'œuvre resteront. Si Eugène Delacroix vivant avait jamais eu pareil triomphe, il en serait tombé malade de plaisir.

Et nous voilà, Français légers, envieux et brouillons ! Le génie dans toute sa puissance est méconnu, puis insulté au profit des intrigants et des cuistres. A peine trouve-t-il sur la voie douloureuse quelque épaule amie pour appuyer sa marche et quelque main pieuse pour essuyer son front. Il meurt : les moucherons du corbillard bourdonnent sa gloire, et, six mois après, on le déifie sans le comprendre davantage. Que Delacroix avait raison de nous rappeler si souvent ce mot de Molière : « Je te pardonne, mais à la charge que tu mourras ! »

Jeudi 18 février.

Nous ne serons suspect à personne en disant que les ouvrages du grand artiste, sauf certains morceaux inestimables et pour ainsi dire peints de son sang et de sa moelle, ont été payés des sommes excessives. Un artiste exécutant trouvera de précieuses leçons dans maint sujet à peine ébauché; il a même d'excellents motifs pour couvrir de son dernier billet de banque une toile à peine préparée et frottée; mais comment expliquer que des gens, qui s'enfuyaient à la vue de ses meilleurs ouvrages, se soient donné l'étrange fantaisie de pousser à des sommes fabuleuses des embryons de figures à peine jetées dans des limbes de couleur ! Le peintre eût-il jamais exhibé des choses aussi vagues sans en avoir au moins accusé les parties importantes par quelques touches décisives ?

N'insistons pas sur certains sujets composés par Delacroix, calqués et peints par des élèves *(Décorations de l'Hôtel de ville)*, retouchés par le maître, et donnés enfin au public béant comme originaux par le catalogographe, M. Burty.

Delacroix ne l'entendait pas ainsi. A l'ordre et à l'économie domestiques, il ajoutait le désintéressement et la fierté. Avec quel amour et quel soin il faisait un tableau du double de la somme payée à quiconque savait le comprendre ! S'il pouvait un moment reparaître au milieu de nous, le zèle aveugle de ces posthumes adorateurs le ferait rougir. Nature extrêmement subtile et pénétrante, il verrait avec effroi l'imminente réaction préparée contre lui dans les galeries et les salons par certains morceaux inavouables que l'on s'est arrachés à prix d'or. Qui pourra, dans la maison de tel bancocrate, se faire une juste idée des hémicycles grandioses de la Bibliothèque des Députés et de la splendide coupole du Luxembourg, en examinant ces petites ébauches à peine zig-zaguées, marouflées dans des hémisphères de bois ou de carton, qui ressemblent à des éclats de marmite ?

N'ayons pas, pour acquérir des objets d'art, qui remuent le cœur et enflamment le cerveau, cette prudence du maquignon achetant un cheval ou un chien ; mais ne tombons pas non plus dans les violences, surtout dans les niaiseries du fanatisme !

Une *Pietà* pathétique, un *Démosthène* pensif et tourmenté, mais moins éloquent que les vagues qui meurent à ses pieds ; quelques *Lions* imparfaits et superbes ; certains sujets de la Chambre des Députés, frappants par la conception et le caractère, entre autres l'*Éducation d'Achille, Cicéron,* — qui a fait reculer M. Berryer, — et les *Bergers chaldéens,* ressouvenir de l'*Enfant Prodigue,* d'Albert Durer ; deux ou trois groupes de *Chevaux* tout frémissants de vie ; la *Sibylle indiquant le rameau d'or ;* une admirable *Marine* (1) de Dieppe, enlevée par M. Duchâtel, au milieu des applaudissements ; *Samson chez Dalila ;* l'éclatante ébauche à peine commencée de la *Chasse aux Lions* (1), le *Martyre de saint Étienne ;* plusieurs sujets poétiques de l'Orient et du Nord ; la *Barque de Don Juan ;* l'*Évêque de Liége,* esquisse qui malheureusement va tomber en écailles ; quelques portraits parlants ; quatre merveilleuses pages militaires, le *Soir d'une bataille,* le *Roi Jean à Poitiers,* le *Téméraire à Nancy,* et surtout *Saint Louis au pont de Taillebourg ;* voilà, à peu de chose près, les seuls morceaux qui méritaient l'admiration et des sacrifices.

N'oublions pas quatre grands tableaux de *Fruits* et de *Fleurs.* Deux nous paraissent un peu trop sombres ; les deux autres sont d'un éclat, d'une suavité, d'une fraîcheur et d'une harmonie incomparables.

---

(1) Voir *Appendice I.*

Tout le reste de cette première adjudication, sauf des bouts d'étude et de ravissants paysages, n'était que marchandise râleuse. M. Haro n'aurait-il pas pourchassé certains fragments tout à fait informes, pour quelqu'un qui serait heureux de les léguer au Louvre, afin de rabaisser la gloire d'un rival? Mais Delacroix a laissé partout la trace d'un ongle souverain; et, dans son œuvre, comme dans celui de Barye, on voit heureusement le lion écraser le serpent.

Certes, on peut dire que l'on ne s'est pas contenté de vider l'atelier d'Eugène Delacroix et de jeter au public toutes les raclures de sa palette; on est allé jusqu'à mettre en vente, à CINQ FRANCS ! des tatouages encadrés.

La seule chose qui pourrait excuser de pareilles misères serait la pensée de laisser à quelques pauvres enthousiastes une relique du grand homme.

Ce qui nous console aussi d'avoir vu disperser à l'aventure tant d'ouvrages à peine indiqués, dont le seul aspect horripile les ignorants, c'est l'espérance qu'ils seront tombés dans les mains d'artistes qui n'auront pas l'effronterie de les finir et de les signer Delacroix. *Botzaris surprenant le camp des Turcs* serait devenu, en deux semaines de travail, un tableau magnifique. Les *Quatre Saisons*, machines purement décoratives et fort lâchées, mais d'une harmonie limpide et vibrante, seront quelque jour copiées en tapisseries, sans que le peintre soit déshonoré. Nous trouvions, en les regardant, un grand rapport, à certains égards, entre la dernière manière de Delacroix, rose clair, argentine et délicieuse dans le gris, et les dernières ébauches de Turner.

Il n'y a pas là pourtant la moindre imitation du maître anglais par le maître français; notons seulement, chez ces deux grands peintres au déclin de la vie, des aspirations de couleur à peu près analogues. Ils s'élèvent de plus en plus dans la lumière, et la nature, perdant pour eux de jour en jour sa réalité, devient une féerie. Turner, qui avait sérieusement commencé par les genres flamand et hollandais, et non pas, comme on le prétend, par des pastiches de Claude, arrivait sur la fin de sa carrière aux décorations factices et aveuglantes du théâtre.

Il s'était mis en tête, à tort ou à raison, que les artistes les plus illustres de toutes les écoles, sans excepter les Vénitiens, étaient restés bien au-dessous de l'éclat pur et joyeux de la nature, d'un côté en assombrissant les ombres par convention, et, d'un autre côté, en n'osant pas attaquer franchement toutes les lumières que leur montrait la création dans sa virginité. Aussi essaya-t-il les colorations les plus brillantes et les plus étranges. Il a peint dans cet état d'imagination ses deux tableaux : la *Couleur avant le Déluge*, la *Couleur après le Déluge*.

Delacroix, homme plus ardent encore et plus positif que Turner, n'a pas poussé si loin l'aventure; mais, comme l'artiste anglais, il est insensiblement monté d'une harmonie grave comme les sons du violoncelle à une harmonie claire comme les accents du hautbois.

Il était arrivé d'expérience en expérience à un système absolu de couleur que nous allons essayer en abrégé de faire comprendre. Au lieu de simplifier en les généralisant les colorations locales, il multipliait les tons à l'infini et les opposait l'un à l'autre, pour donner à chacun d'eux une double intensité. Titien lui semblait monotone, et il ne se décida même que fort tard à reconnaître tout ce que le maître vénitien a de grandiose. L'effet pittoresque résulte donc chez Delacroix des complications contrastées. Là même où la couleur de Rubens rayonne comme un lac tranquille, celle de Delacroix étincelle comme un fleuve criblé par une giboulée.

Exemple des assortiments de ton chez Delacroix :

Si, dans une figure, le vert domine du côté de l'ombre, le rouge dominera du côté lumineux; si la partie claire de la figure est jaune, la partie de l'ombre est violette; si elle est bleue, l'orangé est opposé, *et cætera* dans toutes les parties du tableau.

Pour l'application de ce système, Delacroix s'était fait une espèce de cadran en carton que l'on pourrait appeler son chronomètre. A chacun des degrés était disposé, comme autour d'une palette, un petit tas de couleur, qui avait ses voisinages immédiats et ses oppositions diamétrales. Pour vous rendre absolument compte de cette combinaison, regardez le cadran de votre pendule, et supposez ceci : midi représente le rouge; six heures, le vert; une heure, l'orangé; sept heures, le bleu; deux heures, le jaune; huit heures, le violet. Les tons intermédiaires étaient subdivisés de proche en proche, comme les demi-heures, les quarts d'heure, les minutes, etc.

Avec sa subtilité, sa persévérance, et malgré l'étude continuelle de la nature et des maîtres, Delacroix était resté plus longtemps qu'on ne le pense sans principes certains, suppléant de son mieux le savoir par le sentiment. En plein âge mûr, il disait encore : « Je vois chaque jour que je ne sais pas mon métier. » Pas d'affectation dans cet aveu : il sentait réellement que sa première éducation de peintre fut insuffisante, sinon mauvaise. Dans l'effervescence romantique, tous les artistes qui ont marqué se laissaient aller à la diable. Leurs conversations instinctives étaient plutôt poétiques que professionnelles. Plus d'enseignement public. David, tout despote borné qu'il était, avait au moins appris quelque chose à ses contemporains. Après lui, que resta-t-il? Des scoliastes méticuleux et têtus, capables de faire, non pas un tableau, mais des fragments de tableau. Gros, seul, par quelques ouvrages d'un ensemble grandiose et dont les détails sont palpitants, rattachait encore l'Art français à la tradition magistrale (1). Géricault, admirable dans certains morceaux, n'avait pas assez bien fondu ses études pour arriver à cette imposante unité.

Les choses en étaient là quand M. Ingres nous apporta

---

(1) Voir *Appendice III*

ses principes léthifères. Il ne vit dans l'art qu'un bizarre mélange de la statuaire antique et du modèle qui pose à la journée. Ce mariage entre la vie et la mort est un rébus d'hypogée. Et M. Ingres, heureux et fier sur sa colonne, attend, en Siméon Stylite, que les anges viennent lui porter à manger !

Chenavard attribue cette décadence de la peinture moderne à un développement des facultés musicales au préjudice des facultés plastiques. Suivant lui, la forme humaine échappait aux peintres d'histoire à mesure que les paysagistes parvenaient à mieux rendre l'aspect de la nature; la couleur aurait gagné en richesse et en harmonie ce que le dessin a perdu de précision et de grandeur.

Delacroix a vu, au contraire, dans l'intimité de l'homme et de la nature, un redoublement d'expression à produire par analogie et surtout par contraste. Tantôt, en effet, le paysage semble le miroir des joies de la vie par son éclat, sa fraîcheur, son abondance et sa pureté; tantôt, il fait cruellement ressortir par son calme et sa sérénité même nos orages intérieurs; aujourd'hui, les grandes voix de la solitude et de l'immensité élèvent et consolent notre âme; demain, elles se mêleront peut-être à nos gémissements.

Vendredi 19 février.

On a fait des sottises en payant deux, quatre, huit mille francs des copies (1) d'Eugène Delacroix d'après les vieux maîtres. Il y en a de magnifiques, notamment les *Miracles de Saint Benoît*, de Rubens; quelques têtes tirées des *Noces de Cana*, de Paul Véronèse; d'autres copies ne sont que des tours de patience et de subtilité, comme le *Jeune Homme à la toque* et l'Enfant de la *Belle Jardinière*. Il en est enfin qui sont l'altération abusive des originaux ou de pures fantaisies

(1) Voir *Appendice I* (Chasse aux Loups).

comme des gravures coloriées. Mais Delacroix n'est guère lui-même dans ces peintures-là. Il serait ridicule de se quereller pour en avoir. Ces sortes d'exercices furent tout simplement les pensums volontaires de sa jeunesse.

Il faisait au Louvre beaucoup de ces copies sous l'influence de Géricault, qui en fit lui-même d'admirables, quoiqu'un peu noires et lourdes, comme nous en avons ici les preuves par le *Martyre de saint Pierre* et le *Sommeil des Apôtres*, d'après Titien ; les *Enfants de Philippe IV*, d'après Velasquez ; la *Bénédiction de Jacob*, d'après Rembrandt, et par plusieurs têtes de divers maîtres, réunies en une seule toile, etc. La *Descente de croix* d'Anvers est d'une pesanteur et d'une opacité détestables. La *Descente de croix*, d'après Bourdon, attribuée à Géricault par le catalogographe, M. Burty, est d'Eugène Delacroix. Erreur ne fait pas compte.

Delacroix a gardé toute sa vie le goût de copier les maîtres sans pouvoir le satisfaire à son gré. On l'aurait vu souvent travailler au Louvre, même dans ces derniers temps, si une nuée de rapins et de peintresses ne rendait le Musée détestable pour tout le monde ; mais il était heureux qu'on lui prêtât quelque tableau à copier. Une *Madeleine* de Murillo l'avait enchanté et retenu dans la galerie du maréchal Soult. La délicatesse et la fraîcheur virginales de ce tableau l'extasiaient.

Il avait pris avec Bonington l'habitude de l'aquarelle, qui lui rendait plus prompte et plus facile l'expression des sentiments dont il était animé. Comme Bonington, Delacroix avait montré fort jeune ses facultés pittoresques : « Quand on n'a pas du talent tout de suite, disait-il, on n'en aura jamais. » J'ai vu la petite copie à la plume d'une *Kermesse* de Teniers, faite à l'âge de treize ans par M. Ingres, qui s'y révéla tout ce qu'il devait être : un admirable calligraphe, un excellent copiste au trait. Je connais aussi une esquisse juvénile de Delacroix, laquelle eut, au concours de l'École des Beaux-Arts (professeur Le Thière), le numéro 38 : les

Femmes romaines offrant leurs bijoux à la patrie. On y voit percer la personnalité de l'auteur de *Sardanapale* et du *Massacre de Scio* à certains airs de tête, à la souplesse des chairs, à l'inflexion des bras et des mains. L'intelligence de l'élève échappe aux canons de l'École.

Une personne toujours bien renseignée me raconte ce fait, qui suffirait à faire condamner l'enseignement de l'Institut :

Après avoir peint *Dante et Virgile,* — tableau que bien des personnes, les académiciens en tête, regardent encore comme son meilleur ouvrage, — Eugène Delacroix eut de nouveau l'imprudence de concourir...

Il obtint la dernière place, le numéro 60 !

Samedi 20 février.

Nous venons de toucher en passant à la jeunesse du peintre. Essayons de distraire un moment le lecteur en groupant autour d'Eugène Delacroix quelques compagnons d'atelier, Champmartin, Ary Scheffer, Géricault, et trois artistes qu'il aimait beaucoup : Charlet, Bonington et surtout Portelet.

Champmartin, homme spirituel, grand faiseur de charges, était le plus terrible et le plus gai loustic de la bande.

Ary Scheffer, qui tâchait de tirer parti de tout, même de son accent étranger, faisait des théories à défaut de science; se posait en caractère de fer, en indomptable originalité, trahissant néanmoins à chaque coup de pinceau les faiblesses, les oscillations de l'imitateur qu'il a gardées toute sa vie. Jaloux de fixer l'un après l'autre dans ses ouvrages les moyens employés par ses confrères en vogue, il changea de manière comme on change de paletot.

Sa première manière : la *Veuve du soldat;* le *Soldat laboureur;* — pastiches d'Horace Vernet.

Sa seconde manière : les *Femmes souliotes;* — pastiche du *Massacre de Scio*, de Delacroix.

Sa troisième manière : le *Larmoyeur*, dont la couleur paraît rôtie, et le *Roi de Thulé ;* — pastiches de Rembrandt.

Sa quatrième manière : le *Christ consolateur*, — pastiche d'Overbeck.

On voit ensuite Ary Scheffer tantôt pencher vers M. Ingres *(Madeleines)*, tantôt tomber sur Cornélius *(Scènes de Faust)*; puis s'arrêter à une sorte d'éclectisme *(Françoise de Rimini)*; revenir encore à M. Ingres; le quitter de nouveau pour traduire des poëtes à la mode, tels que Byron; reprendre ses allemanderies; se perdre enfin dans des rêves grisâtres où le mysticisme *(Saint Augustin et sainte Monique)* et la volupté (les *deux Mignon*) luttent en s'effaçant. Le trait invariable de ce maniériste si mobile, c'est une sentimentalité pleurarde. Les larmières d'Ary Scheffer sont inépuisables. M. Guizot l'a surnommé « le peintre des âmes », ce qui, n'étant pas clair, pourrait sembler ironique; mais M. Guizot ne plaisante pas.

Géricault (1) séduisait Delacroix par son talent, sa politesse et son élégance. La fortune lui permettait le luxe, les chevaux et toutes les jouissances du dandysme. Delacroix aimait lui-même les plaisirs; mais il savait s'en passer sans trop regretter un patrimoine perdu par des revers de famille. « Si Géricault, disait-il par la suite, n'avait pas eu de fortune, il vivrait encore, et il aurait produit autant que son génie le promettait C'est quelquefois un bien, quand on est jeune, d'avoir, pour travailler, à surmonter des moments de gêne. »

Géricault peignait de temps en temps chez Guérin des morceaux qu'il donnait facilement à ses admirateurs, car il était fort sensible aux louanges. Il avait aussi un atelier dans le quartier des Martyrs, sur le même palier qu'Horace Vernet, sa bête noire. Toutes les fois qu'un visiteur se trompait en demandant Vernet chez Géricault, Géricault répon-

(1) Voir Eug. Delacroix : *Œuvres littéraires*, t. II, p. 229.

dait : « C'est la boutique à côté. » Cela n'empêchait pas Horace d'aller fumer des cigarettes chez son voisin et d'emprunter de lui des études de chevaux et de paysages pour les accommoder en son propre compte au goût du public. Le fond d'une des meilleures batailles de Vernet, — *Montmirail*, je crois, — est la copie d'un effet de matin, pris à Versailles par Géricault, d'une fenêtre ouverte. La *Course de chevaux à Rome*, autre plagiat de Vernet. Voyez les études de Géricault reproduites au trait par Colin et Feillet, et vous reconnaîtrez tout de suite que Vernet s'est contenté de rapetisser, de grimer les hommes et de caparaçonner les bêtes : l'Hercule qui, chez Géricault, retient un étalon par la queue reparaît dans le tableau d'Horace en clown épilant une rosse rétive.

Au lieu d'avoir, comme Delacroix, l'insatiable passion du travail, Géricault ne se mettait à la besogne que par violentes boutades. Il fit pourtant d'innombrables essais pour son grand tableau : on lui avait construit au Havre un radeau sur lequel il étudiait la mer et les marins avec tout l'acharnement d'un peintre réaliste; et, pour l'exécution définitive de l'œuvre, il voulut qu'on lui rasât la tête, afin de n'être plus tenté de sortir. Géricault n'ayant pas de facilité au travail, ce qui arrive aux écrivains les plus solides, prenait la stérilité momentanée de ses efforts pour de l'impuissance et rugissait de colère. Charlet parvenait seul à le calmer et à relever son courage. Connaissant la nature humaine, particulièrement le cœur de son ami, il voulut l'accompagner à Londres, « pour y remettre à flot, disait-il, le *Radeau de la Méduse* », qui avait échoué à Paris. Les deux amis passèrent par Bruxelles pour visiter David, le prophète exilé de la Peinture. David demanda brusquement aux pèlerins : « Que me voulez-vous? Avez-vous vos papiers? » On exhiba son passeport et l'on partit.

A Londres, Géricault, affreusement triste d'avoir été

méconnu à Paris, écrivait un jour son testament. Charlet, ayant surpris cette préface du suicide, fit longuement ressortir aux yeux de son camarade les avantages de ce sinistre projet et ne lui demanda pour sursis que le temps d'un bon dîner, tête à tête. Le dîner fut très-gai, et l'on s'en alla bras dessus bras dessous faire un tour sur les bords de la Tamise. Là, Géricault, repris par ses idées noires, mais s'efforçant de les dissimuler, eut des allures équivoques. Charlet crut reconnaître que son ami voulait l'entraîner avec lui dans la rivière pour ne plus le quitter. Et prudemment il reprit le large en terre ferme.

Charlet (1) vivait à la façon des maîtres flamands et hollandais, au milieu des sujets de son choix : tavernes, marchés et corps de garde. Il affectait un peu les mœurs et le langage du ruisseau. Géricault, qui l'avait vu pour la première fois à Saint-Cloud peignant une enseigne de cabaret pour solder sa dépense, tira ce Français si jovial de l'administration des pompes funèbres où il avait grand'peine à gagner sa vie.

Charlet est le Béranger de la lithographie, c'est-à-dire un de ces harpistes qui mettent pour cordes à leur instrument toutes les fibres populaires. Gros, si vivement empourpré de gloire nationale, avait déteint sur Charlet, qui fit en prose la poésie de son maître. Mais ce qui relevait tous ses sentiments populaciers, c'étaient une expansion de cœur, une verve, une ironie incomparables. Il y avait en lui de l'Homère pour peindre la constance et la crânerie guerrières, le rire dans les larmes des piliers de bouchon, l'espièglerie des faubouriens et le patriotisme des bousingots. Avec lui, les grognards pleuraient sur leur moustache et les Invalides sentaient la chair de poule jusque dans leur jambe de bois.

Géricault, affolé du genre colossal, donna la velléité des

(1) Voir Eug. Delacroix : *loc. cit.*, t. I, p. 201.

grandes machines à Charlet, qui s'y exerçait en peignant des enseignes. On se souvient de celle-ci qu'il fit au faubourg Saint-Antoine :

Des commères furieuses font dégringoler le peintre de son échelle, en lui criant : « *A bon vin pas d'enseigne!* »

Tourmenté dans les dix dernières années de sa vie du bizarre désir d'être de l'Institut, il entreprit en petites proportions le tableau que l'on voit au Musée de Lyon : la *Retraite de Russie.* Cette toile le mettait chaque jour au supplice; il voulait la crever, la déchirer en mille pièces et se brûler la cervelle.

L'artiste s'était marié avec la fille de son marchand de vin. Il a beaucoup travaillé, chauffé son four comme il disait lui-même, sans jamais sortir d'une gêne qui devint de la pauvreté.

Charlet est l'observateur le plus fin et le plus sûr, le dessinateur le plus saillant et le plus ferme. Il connaît peut-être mieux que personne en ce siècle, excepté Delacroix et Daumier, la grande loi du plein et du vide, qui donne aux figures l'aspect, le mouvement, le relief de la vie; et il a montré dans ses moindres croquis une ardeur de geste vraiment parlante. Géricault surnomma Charlet « le crayon français », et Delacroix l'appelait « un homme de génie ».

Richard Bonington, qui avait un talent si précoce et qui mourut si jeune de la poitrine avec toutes les apparences de la fraîcheur et de la santé, cachait son enthousiasme sous des airs tranquilles et frappait l'auteur du *Massacre de Scio* par cette grande qualité pittoresque : le vif sentiment de l'espace et de la fluidité de l'atmosphère.

Mais un artiste que Delacroix chérissait entre tous, c'était Hippolyte Poterlet, doué ou plutôt affligé de la sensibilité la plus nerveuse et de la délicatesse la plus raffinée du coloriste. Sitôt que Delacroix avait esquissé un tableau important, *Sardanapale* ou le *Christ au Jardin des Oliviers*, il courait avec un croquis de son œuvre et une toile blanche chez son ami, qui, en deux heures, lui avait donné son avis en lui faisant une esquisse à sa manière. Delacroix tenait infiniment à voir comment, à sa place, Poterlet eût peint le tableau.

Charlet, Delacroix, Chenavard, Commairas, Lelièvre passaient ensemble quelques soirées chez Poterlet pour dessiner et causer. M. Hippolyte Flandrin (1), qui se sentait fait alors pour la peinture militaire, rôdait autour de ce cénacle et envoyait des dessins à Charlet, afin d'avoir son assentiment.

Ces réunions cessèrent. Poterlet, poussé par ses nerfs et par des chagrins imaginaires, prit une forte dose d'opium après avoir écrit au crayon et envoyé ce billet :

« Je laisse à mon ami Chenavard tout mon atelier comme gravures d'artiste et esquisses faites en pays étranger; mais je le prie de permettre que mon père prenne ce qui lui conviendra en souvenir de son pauvre fils qui l'aime.

« H. POTERLET.

« Le 6 décembre 1829. »

Le malheureux artiste ne succomba pas sur-le-champ; il ne mourut que lentement des suites de ce coup désespéré. Depuis longtemps Charlet, au lieu de le contenir, semblait l'exciter à surmener sa frêle santé. Delacroix, qui ne se ménageait pas alors lui-même, le sermonnait inutilement.

Dimanche 21 février.

En matière d'art, quiconque ne sent pas profondément la vie, le mouvement et le caractère de la Nature, sera toujours un aveugle-né, eût-il, comme M. X., par exemple, sa maison pleine de belles choses et une répu-

(1) Voir *Appendice III*.

tation européenne de connaisseur. Fatalement il tombera dans tous les contre-sens de M. X., et nous le verrons, à son exemple, faire mouler pour ses salons bourgeois les portes du baptistère de Florence; demander au même artiste des copies de Raphaël et de Véronèse; emmener avec lui un professeur de chinois dans les ventes de chinoiseries; louer enfin à la même page Drolling, Dubufe, Destouche et Delacroix.

On aperçoit à l'Exposition des aquarelles et des dessins, ouverte aujourd'hui, pas mal d'amateurs de cette force-là, qui se battent les flancs pour admirer des choses inaccessibles à leur entendement. Les traits de Delacroix flamboient pour eux sur les murailles comme autant de *Manè-Thécel-Pharès* incompréhensibles et menaçants.

Les artistes et les amateurs intelligents et passionnés sont faciles à reconnaître ici à leur physionomie et à leurs gestes. A chaque sujet, leurs idées et leurs sentiments vont à l'unisson des sentiments et des idées de l'auteur; ils admirent naïvement et violemment, comme des enfants qui, une fois entrés dans un magasin de joujoux, ne savent que choisir et veulent tout emporter.

Cette collection d'aquarelles et de dessins est une véritable encyclopédie figurée d'impressions : charme ou terreur physique, naïveté de cœur, aspirations ou tortures de l'âme : c'est la vie prise sur le fait par l'observateur et rendue plus intense par le poëte.

Si habile et si audacieux exécutant qu'il fût devenu, Delacroix nous frappe surtout par la magie qu'il répandait sur les choses. Qu'il représente la vaillance surprise de Weisslingen ou l'ardeur presque humaine du cheval qui veut le défendre; qu'il allume la vengeance dans le regard d'Hamlet ou la férocité dans l'œil du tigre; qu'il déchaîne les éléments dans le *Simoun* ou fasse descendre la paix et l'ombre des grands chênes sur la *Lutte de Jacob avec l'Ange;* qu'il enveloppe de soleil les *Soldats marocains endormis dans un corps de garde* ou fasse expirer la lumière du jour sur les fleurs : Delacroix est toujours..... Delacroix.

Cette supériorité poétique efface, comme un mirage, ses défauts plastiques les plus frappants. Il a des aperçus d'expression, d'attitude, de composition et d'effets qui parlent encore plus à notre imagination qu'à nos yeux; l'arabesque linéaire de ses dessins, aussi bien que l'harmonie de sa couleur, révèle, même à distance, le caractère du sujet, et rend pour ainsi dire les onomatopées naturelles : les lignes sifflent dans le groupe des cavaliers barbares lancés sur les pas d'Attila, et l'arc d'Achille fait ce bruit comparé par Homère au cri de l'hirondelle; on entend aussi crier les os dans la gueule des lions; et ces chats, faits en quelques coups de crayon sur un chiffon de papier, ont dans les yeux des secrets indéfinissables :

Ils prennent en songeant les nobles attitudes
Des grands sphinx allongés au fonds des solitudes
Et semblent s'endormir dans des rêves sans fin.
Leurs reins féconds sont pleins d'étincelles magiques,
Et des parcelles d'or, ainsi qu'un sable fin,
Étoilent vaguement leurs prunelles mystiques.

« Voyez, — me disait Charles Baudelaire, l'auteur de ces vers, — ce *Lion regardant marcher une Tortue* : il hésite à poser la patte sur elle; la curiosité le dévore; il ne sait pas trop ce que c'est; mais il le saura, la tentation l'a pris. Delacroix met de l'esprit dans la moindre chose, il en avait tant! D'autres ont pu faire des chefs-d'œuvre bêtes; lui, jamais! »

Nous ne partageons pas l'engouement général pour la plupart des dessins qui ont servi aux pendentifs de la Bibliothèque des Députés, sauf trois ou quatre et l'admirable *Éducation d'Achille*, où l'idéal du mouvement et l'idéal de la forme sont réunis avec un bonheur inouï. Ordinairement les sujets grecs et romains et les figures immobiles n'étaient pas le fort de Delacroix. Mais *Hérodote consultant les Mages* est un chef-d'œuvre. On devine à la physionomie de ces types étranges les secrets merveilleux des temps primordiaux. Il fallait la plus belle imagination du monde pour les évoquer ainsi.

Voici, à notre goût, les autres dessins particulièrement enviables :

Héliodore chassé du Temple; Pietà; un fragment du *Martyre de saint Étienne; Desdemona maudite par son père Mort de Lara; Cavalier arabe au combat; Chef maure à Méquinez; Passage d'un gué; Combat d'un homme et d'une lionne; Tigre prêt à bondir* (1)*; Tigre blessé se désaltérant; Vues de côtes en Normandie; Vues prises à Champrosay; Études de fleurs; Études de ciels.*

La série des Hamlet donne la mesure du génie dramatique de Delacroix. On y retrouve ses violences, sa noblesse et sa mélancolie. Il est là tout entier avec ses attitudes sauvages et raffinées; ses expressions caressantes et terribles; ses gestes éperdus et calculés, qui ajoutent tant de puissance et de prestige à la parole, au caractère de l'homme, triomphent souvent par l'étrangeté même, et rappellent presque toujours le roi du théâtre moderne : Frédérick Lemaître.

Lundi 22 février.

On a beaucoup et vainement déblatéré tous ces jours-ci sur le dessin d'Eugène Delacroix.

Delacroix dessine ainsi par tendance naturelle et par système, bien qu'il se laisse quelquefois emporter par des élans nerveux et qu'il ait des mouvements d'entrain et de furie comme un étalon de race. Il avait dix fois plus d'intelligence et de réflexion qu'il n'en faut pour suivre et même

(1) Voir *Appendice I.*

pour surpasser, s'il l'eût voulu, toutes les combinaisons académiques du monde. L'homme qui, sans être parfait, pouvait pourtant copier ainsi Raphaël à vingt-cinq ans et Rubens à quarante avait, outre son originalité, une souplesse merveilleuse. De cette fougue qui flambe et fume dans ses ouvrages n'allez donc pas conclure qu'il n'ait à son service que des facultés instinctives et toutes prime-sautières. On retrouve un parti extrêmement logique et opiniâtre d'un bout à l'autre de son œuvre. Cette question du relâchement des contours, autrement dit de la pureté du dessin, rebattue depuis trente ans, devrait être vidée une bonne fois pour toutes.

Il n'y a pas, il ne saurait y avoir de purs dessinateurs et de purs coloristes. La supériorité du dessin n'exclut pas plus l'excellence de la couleur que l'excellence de la couleur n'exclut la supériorité du dessin.

Dans notre pays, organisé d'une façon tout opposée au véritable sentiment des arts, on prend pour beauté du dessin l'exactitude et la propreté graphiques. Mais Michel-Ange et Raphaël eux-mêmes ne seraient que des académiciens à peu près aussi tristes que les nôtres, si, à leur profonde connaissance de la nature humaine et de ses proportions, ils n'ajoutaient la noblesse idéale et l'allure héroïque que la nature entière prenait dans leur esprit comme dans un miroir magique. Le vulgaire appelle pureté du dessin les figures nettement enlevées à l'emporte-pièce sur une feuille de papier blanc avec une fine pointe de crayon et des boulettes de mie de pain.

A ce point de vue puéril, Delacroix eût dessiné aussi bien que le premier linéiste du monde; cela n'est pas plus difficile à faire que tourner une toupie de buis; la justesse de l'œil et, à défaut de cette justesse, un compas, la propreté des mains, la sobriété et la patience de l'âne suffiraient amplement.

Pourquoi trouve-t-on dans l'œuvre de Raphaël tant de

détails contre l'anatomie mesurée à l'École de médecine? Le voici : ce qui préoccupe d'abord Raphaël, c'est la nécessité de tirer de l'ensemble de ses lignes une arabesque générale, noble et harmonieuse; mais il lui est bien arrivé de casser un bras, et, qui pis est, de tordre le cou à tel personnage, pour le seul but d'incliner une ligne dans un sens plutôt que dans un autre, sacrifiant ainsi des détails à l'exigence de l'ensemble, et appliquant dans l'Art cette raison d'État qui fait couper la tête à un assassin pour protéger le corps social tout entier. Delacroix, il est vrai, semble désarticuler à l'occasion certains personnages, en vue de développer par des exagérations volontaires l'effet général d'une action dramatique. Dans le *Saint Étienne*, du musée d'Arras, par exemple, les mains pendantes du martyr sont pesantes et inégales; le corps est extrêmement long, les bras de la jeune fille qui trempe son mouchoir dans le sang ont un développement quasi fantastique, etc. Mais, sans cette exagération volontaire, l'action des personnages serait-elle aussi expressive? La pureté du contour, la roide netteté de cette silhouette dans laquelle M. Ingres ne manque pas d'enserrer ses personnages, comme pour les empêcher de se mouvoir, les rend à peu près semblables aux figures en fil de fer, disposées pour l'illumination des fêtes publiques (1).

Enfin le dessin de Delacroix est à celui de M. Ingres ce que le feu est à la glace. M. Ingres est tellement préoccupé du contour des objets qu'il tremble toujours de le perdre; ce qui rend son modelé plat et affacé comme une épure de géométrie ou un lavis d'architecture. Delacroix, au contraire,

---

(1) Ici, Th. Silvestre donne deux longues citations de son essai précédent sur Delacroix, l'une (p. 18), commençant par les mots « Le dessin original de Delacroix », et finissant par les mots « ...la figure humaine marquée par la lumière et les ombres », l'autre (p. 19) commençant par les mots « ce qu'il veut », et finissant par les mots : « il voit bien ce qu'il fait... » (N. de l'E.)

s'attache absolument aux saillies des corps et à la forme qu'elles affectent, et le contour semble s'établir de lui-même sans que l'artiste l'ait cherché. Le contenu lui donne d'avance la capacité du contenant et sa juste mesure. Delacroix justifiait ce système de dessin par l'analyse des médailles antiques, modelées par masses ou noyaux. Quand nos monnaies modernes sont usées par le frottement, on n'y voit plus rien parce qu'elles sont faites au point de vue des contours extérieurs, de la silhouette, tandis que les monnaies antiques restent belles et saillantes, ayant été faites au point de vue bien différent des épaisseurs ou masses intérieures.

Ce qui a vraiment étonné tout le monde à cette vente publique des aquarelles, des dessins et des griffonnements de Delacroix, c'est l'inépuisable abondance du maître, la variété de ses motifs et l'acharnement qu'il mettait à rendre sous toutes les formes les sujets dont il avait été frappé. On reconnaît bien là l'homme qui produisait sans cesse pour soulager son esprit et son cœur, et qui avait condamné sa main à une escrime perpétuelle.

Delacroix ne disait que la vérité en nous écrivant ces lignes :

« En fait de compositions tout arrêtées, parfaitement mises au net et prêtes pour l'exécution, j'ai de la besogne pour deux existences humaines; et quant aux projets de toute espèce, c'est-à-dire à de la matière propre à occuper l'esprit et la main, j'en ai pour quatre cents ans; jugez si j'ai le temps de me promener comme mes honorables confrères, qui, je pense, pour la plupart, trouveront du temps de reste pour tout ce qu'ils ont à tirer de leur cerveau. »

Mercredi 24 février.

Oui, Delacroix fut un grand travailleur. Il se levait sur les sept heures du matin et se mettait à l'œuvre jusqu'à trois heures du soir sans prendre la moindre nourriture, afin de garder son esprit plus souple et plus léger. Il revenait parfois, la faim le poussant, à sa première habitude qui fut d'avaler une croûte de pain et deux doigts de vin. Nous nous souvenons avec attendrissement d'avoir partagé certains jours le mince viatique de ce pionnier défaillant. De trois à quatre heures et demie, il recevait de loin en loin quelques visites dans son atelier avec plus de complaisance que de plaisir. Jenny Le Guillou, sa gouvernante et son garde du corps, devenue par vingt-huit ans de dévouement presque un autre lui-même, accourait au coup de sonnette; et il fallait être bien connu pour dépasser cette terrible sentinelle.

On trouvait le Maître rompu de fatigue, le teint livide, les yeux injectés à force d'attention, les nerfs endoloris et comme essoufflé après le temps qui fuit. La lumière du jour l'attristait en déclinant; et il ne déposait la palette que par résignation. Jamais il n'avait pu comprendre que Gros tirât parfois sa montre en travaillant. Vêtu d'un court veston et entortillé d'un fort cache-nez, il ôtait en vous saluant sa petite casquette avec plus de grâce que Charles X son chapeau à plumes, et vous faisait asseoir auprès de lui sur un grand canapé de drap rouge. Après vous avoir sondé d'un regard clignotant et inoubliable, il achevait de briser en causant sa frêle et précieuse santé. Ce dernier sacrifice de l'artiste était pourtant proportionné à l'intelligence et à la passion de l'interlocuteur. Sa manière de vous faire parler se traduirait par ce mot célèbre : « Tirez, messieurs les Anglais ! »

Il amusait un moment le tapis par des riens ingénieux, vous questionnait finement et semblait vous abandonner la conversation. Ses poses attentives, ses airs de tête malicieux et ses haut-le-corps étonnés inquiétaient d'abord le premier venu. Cependant tout en lui vous parlait encore dans ce court moment de silence : son front plein de choses, ses sourcils âpres et mobiles, ses yeux de diamant noir, ses narines agitées, ses lèvres mélancoliques et violentes, sa luxuriante chevelure, ce menton saillant sur la cravate comme une pierre dans une fronde; enfin ces petites mains nerveuses, adroites et plus aiguisées que les griffes du chat.

Les importuns lui donnaient des frayeurs mortelles; mais le dernier des inconnus le charmait en découvrant dans un tableau quelque trait de naturel et surtout d'invention. A un éloge juste et senti, il s'allumait comme l'amiante; mais il était de glace avec la flatterie.

La critique n'avait aucun empire sur ses résolutions; mais il la craignait beaucoup trop, à moins qu'elle ne fût à son égard absolument inepte, ce qui arrivait chaque jour. Le qu'en dira-t-on dans un certain monde intimidait pardessus tout cet artiste si fier. Un courtisan de M. Ingres, à présent l'ennemi mortel de M. Ingres, désola Delacroix en lui demandant un soir, de la façon la plus injurieuse et la plus suspecte, comment il se faisait que l'auteur de l'*Histoire des artistes vivants* lui eût donné tant d'éloges. Cette question, indigne d'un homme bien né, grimait à la fois un écrivain sans peur et sans reproche en vil apologiste et Delacroix en impudent souffleur. Le noble artiste emporta dans le tombeau le souvenir de cet outrage; mais l'écrivain n'en a gardé que du mépris.

. . . .

. . . .

L'inanité verbeuse n'avait pas beau jeu avec Delacroix; il fallait payer de sa personne; autrement, c'était un gentleman roide et sec, peu disposé à perdre son temps et ses paroles. Il s'amusait pourtant, faute de mieux, à rémouler sa langue sur les sots avec une rapidité stridente et pleine d'étincelles : « Mon cher monsieur, dit-il un jour à un peintre, votre *Baigneuse* n'a pu se baigner dans ce petit trou; elle aurait peine à s'y laver les pieds. »

Il épluchait souvent avec une insistance comique les opinions de ses adversaires, et se délectait de leur embarras en redoublant de politesse et de malignité. Au lieu d'attaquer de front une erreur, il préférait mettre à côté la plus sensible des vérités, raisonnant pour ainsi dire par contraste, comme il oppose un ton de couleur à un ton contraire pour le faire mieux ressortir. Avec un jugement très-droit et la meilleure foi possible, il mêlait aux motifs les plus sérieux des plaisanteries déroutantes et vous donnait des crocs-en-jambe sophistiques, par pur amour de la victoire. Ses feintes et ses dégagés de conversation étaient parfois de véritables bottes napolitaines. N'approfondissant avec grand plaisir la vie qu'au profit de sa vocation et de son œuvre, il avait encore plus de vues personnelles que de vues générales; son intelligence vouée au pittoresque préférait les combats de lions aux assemblées de législateurs. La raison philosophique des choses ennuyait, dévoyait cette nature à sensations et à saillies. Il était fort conséquent avec lui-même; mais la logique des autres le faisait vite sortir des gonds. Quand il voyait venir de loin une conclusion contre ses idées, il rompait la conférence par quelque argument *ad hominem*, par un sarcasme à la Voltaire, ou vous jetait au cou un lacet mexicain.

Fort circonspect envers les personnes qu'il estimait le plus, il était pour ceux qui le comprenaient et l'aimaient d'une franchise et d'une vivacité singulières. Un peu de politique était d'ailleurs bien excusable chez un homme mis sur le qui-vive perpétuel par quarante ans de luttes, soutenues à lui seul contre tout son siècle, et dont il est enfin sorti vainqueur. Ses convictions lui étaient aussi naturelles que le mouvement du sang et la respiration; mais il n'aimait à les exprimer et à les expliquer que dans le tête-à-tête. Il ne les exposait de temps en temps dans la *Revue des Deux Mondes* qu'à force de réserves, d'allusions détournées et de sous-entendus. La brutale propagande de ses rivaux le dégoûtait profondément. Les ouvrages de l'art étant pour lui des questions d'esprit et de sentiment et non pas des affaires litigieuses, il dédaigna toujours de faire le moindre appel ou la plus mince concession au vulgaire, toujours inapte à juger la Poésie et la Beauté. Au lieu de s'épuiser vainement à prouver en esthétique le pour ou le contre, il fit son œuvre selon son cœur. De nos jours, comme dans l'avenir, il ne peut être glorifié que par les natures audacieuses et vivaces, fatalement liées à lui par une sorte de consanguinité intellectuelle.

Le genre oratoire et dialectique lui déplaisait. Sa conversation sinueuse et colorée comme une carte de géographie serpentait en tout sens, tandis que les discours pédagogiques ont la rectitude, la monotonie et quelquefois la banalité des grandes routes. Delacroix ne forçait jamais une idée, comme certains limiers de la discussion; il s'amusait seulement à prendre au filet de soie les caprices qui se levaient de son imagination comme une volée de brillants oiseaux.

L'avocat ergote, le juge délibère, l'homme d'État hésite; l'écrivain, l'artiste et le prêtre, qui ont la foi, parlent, agissent sans balancer, non pas que leurs convictions réfléchies ou seulement spontanées soient impeccables; mais, — par tempérament, par vocation, et sous peine de mort morale, — ils ne peuvent les exprimer autrement.

Un homme dont l'intelligence et le mérite dépassent de beaucoup la renommée, M. Paul Chenavard, troublait par moments Delacroix en cherchant avec lui la raison des choses et même un peu la petite bête qui se trouve au fond de toute grandeur. Certains raisonnements inéluctables de Chenavard, qui n'est pas toujours consolant, mettaient l'auteur du *Massacre de Scio* en colère. Il sentait que le sophisme et quelquefois la pure vérité étouffent le feu sacré, et que, pour faire avec courage certaines choses, il en est d'autres dont il ne faut jamais parler.

« Ce Méphistophélès de Chenavard que j'aime infiniment, — nous disait un jour Delacroix, — m'a beaucoup inquiété par des aperçus fort spirituels, peut-être vrais, mais décourageants en diable. Oh ! ces philosophes !...Pourtant depuis que j'ai vu dernièrement sa tristesse à Dieppe, je me suis bien rassuré pour mon compte. Dieu soit loué, mon cher monsieur, je suis encore plus content de moi qu'il ne l'est de lui-même. »

Malgré tout, Eugène Delacroix avait pour Chenavard une haute estime et une affection réelle. Cette culture littéraire, encore supérieure à la sienne, l'attirait invinciblement. L'un et l'autre se contaient l'anecdote avec une finesse et une expression sans pareilles : Delacroix excellait par la pétulance et la mordacité; Chenavard reste le maître dans le genre bonhomme et bénisseur; mais il y a toujours un petit dard caché dans son goupillon. Aussi Rossini l'appelle-t-il : « Mon bien-aimé. » On lit sur un croquis d'Eugène Delacroix cette dédicace de sa main :

« A M. Chenavard, en souvenir de l'excellente conversation que j'ai eue avec lui. »

Ce charmant homme savait composer avec les gens d'esprit; mais il avait de terribles antipathies. Nous croyons entendre encore sa tirade sur Paul Delaroche (1) :

« Celui-là, s'écria-t-il en gesticulant et en piétinant, celui-là sera tout ce que vous voudrez, avocat, financier, administrateur, diplomate, tout, excepté peintre. Ne m'en parlez jamais ! Je ne peux entendre prononcer son nom sans me rappeler ceci, qui arriva en Russie à mon oncle Riesener :

« Un opulent personnage l'avait prié de venir faire chez lui le portrait de sa femme. L'ouvrage étant avancé, mon boyard, assez content, va chercher une cage et dit au peintre : Très-bien, très-bien ; mais si vous posiez sur la main de ma femme ce serin qu'elle aime tant, ce serait au mieux... — Possible, dit Riesener, riant en dedans. — Et... ajouta le mari, si vous mettiez dans l'autre main de Madame ce morceau de sucre pour exciter l'oiseau, le portrait ne serait-il pas encore plus expressif ? Mais il faudrait indiquer aussi que le serin préfère sa maîtresse au morceau de sucre...

---

(1) Voir *Appendice III*.

« Eh bien ! mon cher monsieur, — terminait Delacroix, — ce boyard vous représente au naturel Paul Delaroche, à la recherche de l'idée et de l'expression ! »

Delacroix ne louait pas M. Ingres avec la même abondance de cœur (1) il avait la faiblesse de craindre le sectaire et la secte. Bien qu'il trouvât à son rival certaines qualités graphiques, il ne lui enviait au fond que la santé, l'audace et la ténacité de la conduite. Néanmoins il mettait à parler de son talent une complaisance dont nous ne garantirions pas la parfaite sincérité. Plus M. Ingres déchirait Delacroix, plus Delacroix vantait M. Ingres. Dans ce combat à coups de lance d'un côté et à coups de chapeau de l'autre, le farouche maître d'école triomphait sans peine de l'obséquieux gentleman.

Écoutez Delacroix, à propos de la brochure de M. Laurent Jan, intitulée : *Ingres, peintre et martyr* (2).

« Je ne suis pas content de cela ; je désapprouve fort ces injures à un homme du caractère de M. Ingres. Je suis indigné que de plats feuilletonnistes se permettent d'attaquer surtout les commencements de cet homme, qui a lutté avec tant de persévérance, et qui, en fin de compte, n'a pas changé, lorsque pendant si longtemps il s'est trouvé en butte aux privations de toute espèce, faisant des portraits à la mine de plomb, vendant ses tableaux trois cents, quatre cents, cinq cents francs au plus ! Et puis je ne peux supporter l'insolence de ces gens de lettres qui se croient tout permis ! »

Après avoir parlé de plusieurs tableaux, faits par M. Ingres pour M. de Blacas, notamment de *Henri IV et ses enfants*, Delacroix reprit :

« C'est quelque chose que résister si longtemps sans tran-

---

(1) Sur les rapports d'Ingres et Delacroix, voir AMAURY-DUVAL : *L'Atelier d'Ingres* (Crès et Cie, éd.), dans cette même *Bibliothèque dionysienne*.

(2) Cet opuscule fait partie des *Légendes d'atelier* de LAURENT JAN, avec *Le Chemin de Damas*, consacré à Delacroix et une charge sur Horace Vernet. Voir *Appendice III*.

siger. Voyez pourtant à quoi tient la réputation : si M. Ingres, à l'âge qu'il a, vient à perdre la sienne, que deviendra-t-il? Et cependant cette brochure de Laurent Jan est répandue peut-être à quatre mille exemplaires, et autant de rieurs, car elle est faite avec esprit. Vous avouerez que cela est insupportable, quoique M. Ingres ait bien des torts et des ridicules par son intolérance. »

Revenant, quelque temps après sur cette drolatique brochure, Delacroix parla ainsi du portrait de Cherubini :

« M. Ingres aurait dû y mettre plus de simplicité sauvage comme le caractère de ce musicien. Cherubini était sans affectation et d'une extrême liberté d'allures. Voyez ses réponses à Napoléon. Au lieu de cela, Ingres en a fait un homme guindé, avec sa main maniérée, posé, drapé *et cœtera*, et sa ridicule Muse (*ridiculus mus*, calembour latin) derrière lui. Et encore, sans nul doute, tout cela a été calculé longtemps comme chose devant faire de l'effet... Cette école d'Ingres a un travers bien singulier, c'est de vouloir faire de la Peinture une dépendance des antiquaires. C'est de l'archéologie prétentieuse; ce ne sont pas des tableaux. »

Vous voyez, par ce dernier morceau, que Delacroix savait faire lui-même, à l'occasion, de la belle et bonne critique, et qu'il n'était pas toujours en droit de blâmer des gens de lettres énergiques et spirituels, qui sont à peu près les seuls cœurs ouverts de notre misérable temps. Mais Delacroix affectait un peu cette réserve et cette satisfaction générale et souriante de l'homme politique et de l'homme du monde, lui si franc, si hardi, si violent dans son œuvre. Lui, qui avait tant souffert d'injustes défaites, n'aimait pas trop le parti des faibles et des vaincus. Un peu de *cant* anglais gâtait ce noble caractère.

Extrêmement chaleureux et expansif dans le tête-à-tête avec certains hommes qui soutenaient sa cause, il n'aimait pas toujours à les reconnaître publiquement. Charles Baudelaire, qui a écrit pour lui des pages magnifiques, l'effarouchait un peu par son allure originale, pourtant très-innocente (1). Il aurait eu, dans une assemblée, plus d'attention pour Gustave Planche, qui ne le comprenait guère, ou pour M. Vitet, le plus pauvre des critiques d'art, qui comparait ses tableaux aux romans de d'Arlincourt. Nous avons eu maintes fois avec Delacroix de fortes prises de langue à ce sujet, dans son intérêt même, et, ajoutons, à sa louange, qu'il nous témoigna toujours la même estime et la même affection.

Voici, d'ailleurs, son opinion sur l'amitié :

« Les vrais amis étant ce qu'il y a au monde de plus précieux, lorsqu'on en a trouvé un, il faut agir avec lui bien autrement qu'avec le reste des hommes. Ainsi, bien loin de suivre l'opinion reçue, qui veut qu'avec un ami on puisse agir librement, sans façon, en vrai déshabillé, il faut, au contraire, des convenances, une espèce de respect. De la confiance, oui; mais toujours avec discrétion, même avec de la politesse, de la politesse affectueuse. Avec un ami vrai, plus qu'avec aucun autre homme, il faut être sur le qui-vive, et craindre toujours de faire ou de dire quoi que ce soit qui puisse le blesser. »

En apparence fort enjoué, et par moments extrêmement plaisant et moqueur, il voyait la vie sombre, même pour les triomphateurs :

« Voyez Gros, qui avait acquis tout ce qu'il voulait, et qui est allé mourir dans une mare; Léopold Robert qu'on adorait, et qui s'est coupé la gorge. C'est donc une chose bien triste et bien inconcevable que l'humanité ! »

Dans son atelier si bien outillé, mais chauffé d'une manière asphyxiante; dans son appartement si simple et si rangé, il travaillait toujours à quelque chose. Sérieux, doux, affable et n'ayant que certains bouillonnements d'impatience, ses serviteurs l'adoraient, et lui-même aimait ses serviteurs

---

(1) Sur les rapports de Delacroix avec Baudelaire, voir les VARIÉTÉS CRITIQUES de celui-ci, dans cette même collection (Crès et Cie, t. II, p. 206), et *Appendice I*.

comme Michel-Ange aima les siens. Nous l'avons un jour trouvé désolé dans sa maison de la rue Notre-Dame-de-Lorette de la maladie de sa gouvernante :

« Elle m'est plus chère qu'une sœur, nous dit-il. Elle est le dévouement aveugle en personne. Ne vous fâchez jamais de son humeur, quand vous venez ici. Elle garde à vue comme un soldat mon temps et ma vie. »

La santé de Delacroix était frêle et capricieuse; le froid, le chaud, le sec, l'humide, agissaient sur son talent et sur son caractère d'une façon étonnante. Ce qui le chagrinait le plus, c'était la nécessité d'interrompre ses ouvrages en train. Il soignait sa santé comme un guerrier panse son cheval. L'hiver était pour lui chargé de maux, et le printemps rempli de cette crainte du poëte :

« Les asphodèles, qui viennent avec les hirondelles, ramènent les beaux jours et annoncent la mort... »

Aux approches de l'Exposition de Peinture, il travaillait d'arrache-pied, et, quand la lumière lui manquait, il se mettait à table exténué, mourant de faim et s'endormait deux heures. L'automne, il faisait dans son petit jardin de Champrosay ces fleurs si belles et si vivantes, qui boivent l'onde et le soleil; ou bien il composait en courant la campagne ces paysages agrestes et quelquefois épiques, par exemple celui qu'il a tiré de la forêt de Sénart pour son tableau de *Weisslingen pris dans une embuscade.*

Tout l'hiver dernier, après des journées très-laborieuses, il allait passer plus souvent que jamais ses soirées dans quelques salons dont il était l'honneur et l'ornement.

Entendre de la musique avec passion et causer avec feu le fatiguèrent beaucoup. Courir en voiture à travers Paris, pour visiter et conseiller quelques artistes exposants, qui l'avaient obsédé de lettres, acheva de l'accabler. Il partit pour Champrosay le 26 mai. Rencontré en chemin de fer par une connaissance, il parla trop vivement. A peine arrivé dans sa maisonnette, il se sentit un malaise, qui eut bientôt d'alarmants symptômes. Ni appétit ni force. De temps en temps, des velléités suivies aussitôt de dégoûts. Toute une semaine, il ne prend presque plus rien. Il allait, sans mot dire, de sa chambre à coucher à son jardin et revenait péniblement du jardin à la chambre. Nouvelle et plus forte crise. Il se décide à retourner à Paris pour consulter son médecin; et c'est précisément ce jour-là qu'il est prié d'aller voter à Draveil pour l'élection d'un député au Corps législatif !

Le dimanche 1er juin, l'illustre malade, parti de Champrosay vers huit heures de matin, arrive à Paris sur les onze heures et peut à peine monter son escalier. Le docteur Laguerre le voit à midi, et lui donne une potion. Le 15, il y avait un mieux.

Le 16, Delacroix repart pour la campagne, où il arrive à trois heures, très-secoué et tout meurtri. La maigreur et la faiblesse augmentent à vue d'œil. Le médecin, mandé le 22, arrive en toute hâte et recommande au malade de manger un peu pour recouvrer des forces. L'accablement continue. La quinine ramène quelque appétit. L'appétit disparaît; la maigreur devient spectrale; et le docteur se dit que tout va mal.

Eugène Delacroix allait encore de la chambre au jardin et revenait du jardin à la chambre, lisait un peu, s'assoupissait dans un fauteuil, et ne se mettait guère au lit avant minuit ou une heure.

Livide et défait, il souriait à chaque instant de mieux être : « Allons ! ça reviendra ! »

Un soir il dit à Jenny : « Oh ! si je guéris, comme je le pense, je ferai des choses étonnantes; je sens mon cerveau bouillonner ! »

Le 1er juillet, ses forces diminuent encore. Il écrit au docteur qui lui ordonne un peu de quinquina mêlé à sa boisson; mais le sommeil commence à le quitter.

Le 13, il n'en peut plus. Découragement.

Le 15, matin, il revient à Paris en voiture particulière, soutenu par Jenny, appuyé sur des coussins, à demi mort. On le couche. A partir de ce jour, il a plus que jamais envie de fruits de toute espèce, cerises, figues, ananas; mais il ne peut souffrir le vin qu'il buvait toujours excellent. Il lui faut de la *pale ale*, prise au faubourg Saint-Honoré. Après avoir touché du bout des lèvres les choses désirées, il n'en veut plus. Le médecin, désespérant de sa vie, finit par tout permettre, et Delacroix prend une glace qui lui donne le délire; mais, à peine revenu à lui-même, il fait cette recommandation : « Dites que je vais mieux. »

Le 18 ou le 20, consultation entre MM. Bouillaud et Laguerre.

Le 22 et le 23, petite amélioration.

Le 24, abattement.

Visite, tous les matins à onze heures, du médecin accoutumé, qui n'ordonne rien.

A la fin de juillet, M. Laguerre demande une nouvelle consultation. Alors Delacroix semble voir ce qu'il a représenté lui-même dans une de ses lithographies : la Mort, raillant des docteurs assemblés dans la chambre d'un malade et aiguisant sa faux derrière un fauteuil.

« Il va mieux, — dit à Jenny M. Bouillaud, à peine sorti de la chambre; — il peut revenir à la campagne; l'air lui fera du bien. »

Le malade avait écouté de son oreille si fine :

« — Jenny ! le médecin vous a dit quelque chose !...

« — Non,... monsieur, il me saluait en sortant...

« — Si fait, si fait... il vous a dit quelque chose... »

Eugène Delacroix fait appeler son notaire, qui ne peut, dit-il, recevoir ses dispositions que deux jours après. Mais le malade, sans perdre un instant, se fait relever sur son séant avec une pile de coussins et écrit deux heures ses volontés d'une main ferme. Puis, malgré l'extrême fatigue, il parait radieux.

« — Hélas ! dit Jenny, étouffant ses pleurs, vous êtes brisé, mon pauvre maître !

« — Oui; mais je suis content; j'ai eu le courage de faire cela pour vous. » Le surlendemain, il dicta à Me Simon ce qu'il avait écrit et tout le reste.

Peu de jours avant, il avait fait brûler, tisonnant le feu lui-même, seize ou dix-huit *Agendas* où il écrivait année par année, au jour le jour et à bâtons rompus, ses pensées sur l'art, la vie et les vieux maîtres; sur ses contemporains les plus marquants à divers titres, et dont nous avions fait des extraits sous ses yeux en 1853. Jenny déclare l'avoir supplié de ne pas détruire ces précieux souvenirs.

« Si je m'en tire, répondait-il, j'ai assez de mémoire pour retrouver tout ce que j'avais là ; — et il allait toujours, dit-elle, et moi aussi, brûlant et déchirant tout, hormis quelques morceaux qu'il avait recopiés et que j'ai remis à M. Rivet (1). »

Le 6 ou le 10 août, un membre de l'Académie des Beaux-Arts vient demander au nom de ses confrères de l'Institut des nouvelles du moribond. On ne l'introduit pas; mais Delacroix, ayant appris qui c'était, dit avec une tristesse inexprimable :

« M'ont-ils assez ennuyé; m'ont-ils assez insulté; m'ont-ils assez fait souffrir, ces gens-là, mon Dieu ! »

La journée et la nuit du 11 furent agitées.

Le 12, Delacroix était assez calme. La soirée fut mauvaise; ses serviteurs veillèrent jusqu'à minuit passé. Il les voyait avec peine encore sur pied et les exhortait au repos d'une

(1) M. Rivet, un des meilleurs amis de Delacroix, les publiera, sans doute dans la *Revue des Deux Mondes*, en y mêlant ses réflexions. (N. de Th. S.) Assertion controuvée, du moins pour la plupart des *Agendas*, puisque le *Journal* de Delacroix (Plon et Nourrit 1893), a été constitué grâce à une copie de ces *Agendas*. Une édition nouvelle de ce *Journal*, beaucoup plus complète que la précédente, est en préparation dans en *Bibliothèque dionysienne* (N. de l'E.). Voir *Introduction* et *Appendice I*.

voix faible. Tenant dans ses mains les mains de Jenny et fixant sur elle des regards profonds, il respirait difficilement. Son intelligence, au lieu de défaillir, semblait prendre d'heure en heure plus de subtilité. Jean Potier, son valet de chambre, le soulevait doucement pour aider la respiration, mais le recouchait aussitôt; le malade parlait à voix basse et par gestes.

Depuis deux heures du matin, il regarda presque toujours Jenny, les mains dans ses mains. Incliné du côté gauche et fort oppressé, il entendit l'angelus de Saint-Germain-des-Prés et fit un petit mouvement.

Vers sept heures moins un quart, il respirait encore...

A sept heures, c'était fini.

Ainsi mourut, presque en souriant, le 13 août mil huit cent soixante-trois, Ferdinand-Victor-Eugène Delacroix, peintre de grande race, qui avait un soleil dans la tête et un orage dans le cœur; qui toucha quarante ans tout le clavier des passions humaines, et dont le pinceau grandiose, terrible ou suave, passait des saints aux guerriers, des guerriers aux amants, des amants aux tigres, et des tigres aux fleurs.

RUDE

J'ai connu le célèbre statuaire Rude (1) pendant les trois ou quatre dernières années de sa vie; il me semble que je le vois encore et que je l'entends parler. C'était un beau vieillard de soixante-douze ans, verdoyant, droit comme un I et bâti en Hercule Farnèse. Ses membres puissants forçaient ses vêtements, et son cou de taureau se gonflait avec une formidable vigueur pendant que ses mains velues taillaient le marbre ou pétrissaient la terre glaise. Sa stature n'était guère au-dessus de la moyenne; mais elle paraissait élevée; son port révélait le courage.

Une barbe de patriarche lui descendait jusqu'à la ceinture, avec une abondance extraordinaire qui attirait les regards des passants, et provoquait les railleries des membres de l'Institut. « Nous ne pouvons pas, disaient-ils en lui refusant leurs suffrages, recevoir au milieu de nous l'*homme à la barbe.* » Il faut avoir un talent tiré à quatre épingles et le visage frais rasé pour entrer à l'Académie. La première femme de M. Ingres prit un jour le statuaire pour un *modèle* qui venait s'offrir à son mari. « Asseyez-vous, mon ami, lui dit-elle, je vais l'avertir. — Qui me demande? Qui me persécute? grommela le peintre. — C'est un modèle de *Fleuve* qui vous attend. » Et l'auteur du *Saint Symphorien*

(1) Mort à Paris le 3 novembre 1855.

fut consterné à la vue de M. Rude qui avait tout entendu, et qui riait aux larmes dans cette fameuse barbe blanche (1).

Des sourcils jeunes, âpres, noirs comme le jais, donnaient un certain accent de dureté et d'emportement à cette physionomie d'ailleurs si douce et si paterne. Le front, bossué aux deux coins de sa base, était également bombé sur le milieu et fuyait par les côtés, depuis les tempes jusqu'au sommet de la tête, dépouillée et reluisante. Les yeux étaient petits, fins et caressants dans la joie, ternes et demi-fermés dans la tristesse, gonflés et flamboyants dans l'irritation. Le nez, court et rond, manquait de caractère; les joues, la bouche et le menton se noyaient dans des flots de poils; on ne voyait saillir avec vigueur que les pommettes, grêlées par la petite vérole. En somme, cette mâle et belle figure se fût élevée au-dessus des types bourgeois et populaires, avec quelques traits allongés et quelque forte courbure : elle eût rappelé, par plus d'énergie, celle du Tintoret, et par plus de noblesse celle du Titien. On voit d'ailleurs, dans le portrait gravé de notre sculpteur, qu'il aimait assez à ressembler à ces deux grands maîtres de Venise.

Sa vie fut calme, retirée, solide et pure au milieu d'un siècle frivole, corrompu et maladif. Ses mœurs, simples et droites, semblaient taillées sur le patron de celles des anciens. Rude était un Romain qui fumait la pipe. Mais cette austérité d'un autre âge limitait son intelligence et lui fermait des issues lumineuses que la pratique de la vie moderne n'eût pas manqué de lui ouvrir. Il faut toujours être de son temps, sans perdre la mémoire des grands siècles. L'héroïsme des anciens, les hauts faits de nos révolutions et de nos guerres remuaient son tempérament bilio-sanguin. Son patriotisme, ses sentiments *démocratiques-napoléoniens* manquaient de lucidité et de direction. Il semblait regretter en même temps le brouet noir de Sparte, la chaise curule

(1) Voir Amaury-Duval : *L'atelier d'Ingres* (Crès et Cie, éd.).

du Capitole, la tribune de la Convention et l'épée d'Austerlitz. Il adorait à la fois Alexandre le Grand, Léonidas, César, Caton d'Utique, Brutus, Robespierre et Bonaparte; passait en rêve le Granique ou le pont d'Arcole; enfin, par l'exaltation de l'esprit, il triomphait à Marathon, à Salamine, à Marengo; mourait au Thermopyles, sur le pont du *Vengeur* ou dans les plaines de la Pologne : voilà tout ce qu'il savait de l'histoire et de la politique. Il aimait d'instinct la gloire, la patrie, la force et la grandeur d'âme, en confondant les temps et les mœurs, le despotisme et la liberté, comme un homme du peuple qui ne voit dans toute action éclatante que l'exercice de fiers tempéraments plus ou moins semblables au sien : cette aspiration vague a fait les trois quarts des tribuns et des généraux modernes.

Ses rêves démocratiques, mêlés au chauvinisme guerrier, n'avaient certes rien de très-important ni de bien dangereux. Le capitaine Noisot, son ami, répondit à un grand personnage qui lui demandait si Rude n'était pas *un peu trop rouge :* « Ah ! si tous les *rouges* lui ressemblaient ! »

Il avait, comme les meilleurs hommes du peuple, la probité, la sagesse, l'esprit de famille, et l'énergie laborieuse que l'ouvrier appelle l*e coup de collier*. Il aimait à se faire lire, en travaillant, une traduction quelconque d'Homère, de Plutarque, de Tite-Live ou d'Ovide, les *Victoires et Conquêtes* ou le *Mémorial de Sainte-Hélène*, et s'écriait par moments, avec la foi du charbonnier : « Quels hommes ! quels hommes !... Allons, fumons une bonne pipe ! »

Ses plaisirs étaient tout villageois : il jouait aux dames en manches de chemise sur le trottoir de la rue d'Enfer, qu'il appelait depuis vingt ans son salon, et se lavait les mains et les bras aux fontaines publiques, comme un bon maître serrurier qui vient d'achever sa journée. Il ne quittait que bien rarement son quartier et se résignait difficilement à faire une visite d'étiquette. Le dimanche, pour aller à la promenade, il mettait son large chapeau de *soldat-labou-*

reur et boutonnait sa longue redingote bleue, à la mode des grognards de la Loire en demi-solde et des anciens abonnés du café Lemblin, naïfs souscripteurs du *Champ d'Asile*.

Il était d'un abord aimable, et se plaisait « à vivre dans une maison de verre ». Il imposait assez adroitement ses impressions aux jeunes gens enthousiastes, leur disait : « Soyez libres ! » et ne pouvait supporter une objection. En artiste de grand mérite, il concevait une très-haute idée de lui-même, tout en s'efforçant de ne jamais sortir des bornes de la modestie. Peut-être voilait-il, par un mépris affecté des honneurs, le regret et l'amertune de n'avoir pas reçu toutes les récompenses méritées; mais il ne mit en jeu ni intrigues ni artifices pour augmenter le prestige de son talent, à l'exemple de ses confrères ambitieux qui tiennent chapelle ou vivent sous le masque. Ceux-là, certes, n'aiment pas être approchés par l'observateur qui, d'un coup d'œil, traverse leur hypocrite nullité; mais ils tourmentent par procuration le public avec leurs insidieuses réclames.

Sa loyauté fut souvent trompée par de célèbres académiciens que je pourrais nommer ici; mais à quoi bon s'occuper d'eux, puisqu'ils vivent sans talent et sans gloire? C'est par pure jalousie qu'ils lui fermèrent, en plusieurs occasions, les portes de l'Institut, après l'avoir obséquieusement attiré dans les rangs des candidats. Quatre ou cinq de ces *immortels* lui avaient offert leur voix, qu'il n'eût peut-être pas songé à solliciter, et, au dépouillement du scrutin, pas un ne le désignait. Ces fourberies sont à la mode, non chez les bohémiens, mais parmi les gens illustres, bien nourris, envieux et mécontents.

François Rude est né à Dijon, le 4 janvier 1784, d'un père qui exerçait dans cette ville la profession de poêlier, et qui avait appris en Allemagne la fabrication des *cheminées à la prussienne*. Celui qui devait devenir un des plus illustres statuaires de ce siècle a passé son enfance à souffler la forge et à battre l'enclume. Dans les rares moments de liberté que lui laissaient les travaux paternels, il suivait les cours de l'Académie dirigée par Devosge, le maître de l'illustre Prudhon. Bientôt le vieux poêlier, frappé de paralysie, fut privé des moyens de soutenir son fils qui, pour gagner sa vie, se mit au service des frères Mugnier, peintres en bâtiments.

Il avait essayé de modeler quelques bustes, notamment celui du graveur Monnier, beau-père de M. Fremiet, directeur des contributions. M. Fremiet lui offrit d'abord un logement dans sa maison, sous le prétexte délicat de lui rendre plus facile l'exécution de ce portrait, et le traita bientôt avec la généreuse affabilité qui disparaît de nos mœurs, et dont on retrouve à peine quelques vestiges au fond des provinces les plus naïves et les plus reculées.

La conscription appelait Rude sous les drapeaux en 1806; son hôte sacrifia une partie de sa modeste fortune pour lui donner un remplaçant militaire et le maintenir dans la carrière des arts. La plus noire ingratitude est le péché mignon des artistes; mais il faut dire à l'honneur de celui-ci qu'il s'est montré toute sa vie plein de reconnaissance et de dévouement envers son bienfaiteur.

Il partit pour Paris, en 1807, avec deux cents francs et une lettre de Devosge qui le recommandait à Denon. Denon le présenta à Cartelier et lui fit donner quelques travaux par Gaules, alors chargé de l'exécution de la colonne Vendôme. Le jeune homme trouvait ainsi les moyens de vivre et d'étudier à la fois. C'est lui qui modela en grande partie les armes et les costumes disposés en friperie militaire sur le piédestal du monument.

Il remporta sur Cortot le second prix du concours à l'École des Beaux-Arts et obtint, en 1812, le premier prix qui lui donnait droit à une place de pensionnaire à l'École de Rome. Mais Denon retarda son départ pour l'Italie en lui confiant l'exécution de quatre bas-reliefs pour le piédestal d'un obélisque à élever sur le terre-plein du pont Neuf, à l'endroit même où se trouve aujourd'hui le *Henri IV à cheval* de Lemot.

La folie et la sagesse se disputaient par moments son humeur; mais la sagesse l'emporta. Ses écarts n'étaient que l'explosion d'un fort tempérament qui s'est condamné lui-même au travail, à l'économie, à l'austérité, et qui ne peut pas résister au besoin de secouer et de briser un jour ses chaînes pour les reprendre le lendemain par devoir et par raison. Il était humain, vaillant, héroïque; mais susceptible, opiniâtre et même tempétueux. « Je ne me mettais pas souvent en train, disait-il naguère, mais quand j'y étais, j'allais plus loin que les autres. » Il y avait, dans son caractère, ce mélange de *mauvaise tête* et de *bon cœur*, si remarquable chez quelques artistes du XVIe siècle.

Très-habile à tous les exercices du corps, il nageait, patinait, dansait, tirait l'épée avec une agilité, une énergie et une certitude étonnantes. Il me souvient, si j'ai bonne mémoire, d'avoir remarqué dans ses mains et dans ses bras plusieurs coups de pointe qu'il avait reçus dans la période guerroyante de sa jeunesse.

Quelque temps après la Révolution de février, il prit au collet et porta, pour ainsi dire, au poste voisin un gros sergent de ville qui osait lui manquer de respect dans la foule, et lui dit : « Je suis le sculpteur Rude, drôle ! Vous ne savez pas à qui vous parlez ! » Rebelle à la contradiction et quelque peu porté à la rancune, il ne fallait pas trop le pousser, surtout quand il avait proféré avec une vivacité qui lui faisait monter le rouge au visage ses deux singuliers jurons : *Nom d'un cornon! Fontaine de beurre!*

Voici des folies de jeunesse qu'il se plaisait à raconter :

Un soir, en 1810, il y avait je ne sais plus quelle première représentation à l'Odéon : à la sortie, il aperçoit une très-grande dame qui monte en calèche, s'élance aux côtés de la belle inconnue qui reste muette de tant d'audace, et, *fouette cocher!*

Un autre jour, il faisait assaut avec une des plus fines lames de Paris et boutonnait son adversaire qui disait toujours : *Pas touché!* » On mit du blanc, puis du rouge aux fleurets : même contestation. « Eh ! bien déboutonnons-les, dit-il, nous verrons les coups. » Et l'on se battit jusqu'au sang.

Au mois de mars 1815, il était à Dijon, prêt à partir pour l'Italie. Le bruit se répand tout à coup dans la ville que Napoléon, sorti de l'île d'Elbe, entraîne vers la Bourgogne, à travers les montagnes, des flots de partisans et les régiments du roi; que la duchesse d'Angoulême réchauffe à Lons-le-Saunier le zèle de ses serviteurs, et que le maréchal Ney, commandant la division militaire du Jura, vient couper à Dijon l'armée insurrectionnelle de celui qu'on appelait l'*Usurpateur*, l'*Ogre de Corse*. Rude court aussitôt les rues et les cercles de la ville pour rallier les hommes d'énergie à la cause impériale, et ne trouve que quatre ou cinq têtes brûlées résolues à le suivre. Saisissant un drapeau tricolore, il s'avance en criant : *Vive l'Empereur!* vers les troupes de Ney qui arrivent. Un silence sinistre se fait dans les rangs. *Vive l'Empereur!* répète Rude en se jetant avec ses amis sur la pointe des baïonnettes. Les rangs de Ney s'ébranlent et répondent avec un ensemble formidable : *Vive l'Empereur!*

Cependant la ville de Dijon restait en proie aux sourdes rumeurs et aux émotions diverses. Ney, descendu à l'*Hôtel de la Cloche*, entendit sortir de la foule pressée sous son balcon quelques cris de *Vivent les nobles!* et répondit avec un geste hésitant et conciliateur : *Pas tous! pas tous, mes amis!* « A ces mots, dit Rude *avec finesse*, je vis que le maréchal était à nous ! »

L'artiste voulait rejoindre l'armée avec les volontaires de la Côte-d'Or; M. Fremiet, qui était lui-même un des hommes les plus dévoués à l'Empire, comme on peut le voir par la brochure qu'il écrivit sous le coup du retour de l'île d'Elbe, le retint auprès de lui par les liens du cœur. A la seconde restauration des Bourbons, M. Fremiet, voyant ses jours exposés à d'implacables vengeances, prit le parti de se réfugier en Belgique, et Rude, après l'avoir accompagné à travers les bois jusqu'au village de Pont-de-Pany, à trois lieues de Dijon, lui promit de le rejoindre à Bruxelles avec sa femme, ses deux filles et sa mère, Mme Fremiet, âgée de quatre-vingts ans passés. Comme il s'en retournait à Dijon, il rencontra sur la route une diligence dans laquelle il reconnut le célèbre peintre Louis David, qui gagnait la Suisse pour passer aussi en Belgique par la frontière d'Allemagne.

Quand Rude fut lui-même arrivé à Bruxelles avec la famille Fremiet dont il ne tarda pas à épouser la fille aînée, il n'y trouva pas un sculpteur digne d'attention : on ne parlait que d'un vieillard nommé Godecharles, qui avait mis la main à quelques travaux de la ville, et qui dirigeait une espèce d'Académie, où, depuis dix ans, quelques rares élèves n'avaient d'autre modèle qu'un seul homme, qui posait en même temps pour les deux sexes. Il était aussi question d'un certain Van Geel, médiocre praticien, auteur du *Lion* de Waterloo. Ces deux célébrités locales avaient pour principal rôle de dénigrer tous les artistes étrangers dont le dangereux voisinage faisait ressortir leur nullité à tous les yeux. Godecharles et Van Geel avaient chacun modelé un mauvais buste du roi Guillaume Ier, qui daignait poser fréquemment devant eux; Rude se contenta, pour faire à son tour le portrait du prince, de l'examiner attentivement, un dimanche, au prêche, et l'on assure qu'il donna, sans manquer à la ressemblance, quelque noblesse à la figure de ce souverain taillée en *casse-noisette*.

On bâtissait, à quatre ou cinq lieues de Bruxelles, le palais de Tervueren, offert en hommage national au princc d'Orange. L'architecte, M. Van Straeten, prévoyant, dans son habile médiocrité, tout le profit qu'il pourrait tirer des conseils et du concours de Rude, lui confia d'importants travaux de sculpture. Rude employa beaucoup de talent et d'énergie pendant son séjour en Belgique, pour soutenir l'honorable existence de la famille Fremiet. Un des élèves qui suivait ses leçons, il y a trente-cinq ans, prétend qu'il était constamment à l'œuvre, du soleil levant au crépuscule, ne s'interrompant, dans la journée, que pour manger deux petits pains et boire quelques gouttes d'eau-de-vie, comme un pionnier.

Il établit successivement dans les ruines du couvent des Lorraines et dans la chapelle abandonnée des Douze-Apôtres son atelier, qui devint une espèce d'Académie libre, où il recevait de nombreux élèves le soir, de six à dix heures, après avoir consacré la journée à ses propres travaux. Tant d'occupations ne l'empêchaient pas d'aller souvent à pied, par les ténèbres, le vent, la pluie et la neige au château de Tervueren : sa vie était rude comme son nom. Il revenait souvent fort mécontent, jamais découragé, en répétant ce refrain, qui témoigne plutôt de l'énergie de ses sentiments que de la beauté de sa verve poétique :

Sort, f... sort, plein de rigueur,
Ce n'est qu'aux âmes faibles que tu f... malheur !

Son caractère et son talent restent honorés en Belgique : il y a laissé de nombreux travaux. Les plus remarquables sont les neuf bas-reliefs qui représentent la *Chasse de Méléagre* et les épisodes de la *Vie d'Achille*, le fronton de l'Hôtel des Monnaies, les grandes cariatides de la salle du Concert Noble, la décoration de la Bibliothèque du duc d'Arenberg.

De retour à Paris en 1827, il acheva promptement le *Mercure*, qui réussit au Salon de 1827 et fut coulé en bronze pour le Musée du Luxembourg.

Son ancien maître Cartelier, alors en vogue, et son ami Roman lui firent obtenir des travaux : une *Vierge* en marbre pour l'église de Saint-Gervais, le *Buste de La Peyrouse* pour le Musée de la Marine. Le *Petit Pêcheur napolitain* (Musée du Luxembourg) étendit la réputation de l'artiste et lui valut la croix d'honneur au Salon de 1833. J'oubliais de dire que le ministère de l'Intérieur lui avait confié, quelque temps avant 1830, l'exécution d'un tiers de la frise de l'Arc de Triomphe de l'Étoile et la décoration des quatre piliers du monument; mais la révolution fit naître une foule de prétendants qui ne lui laissèrent que la partie de la frise en regard de Chaillot, l'*Armée française revenant d'Égypte*, et le bas-relief appelé le *Départ des Volontaires de 1792*, un des rares morceaux de l'art moderne dignes de passer à la postérité, parce qu'il est le cri d'un cœur mâle et le chef-d'œuvre d'une forte main.

Les sujets d'abord conçus et esquissés par le sculpteur pour les quatre piliers étaient :

Le *Départ de 1792*, dont la disposition varia plusieurs fois dans son esprit. C'était, en premier lieu, une simple allégorie de la *Guerre*, une femme en fureur, coiffée de serpents, qui appelait les combattants; un cavalier, à peu près semblable à l'Alexandre de Lebrun dans le *Passage du Granique*, s'élançait à l'ombre de ses ailes.

Le *Retour*, destiné à faire le pendant du *Départ*, c'est la retraite de Russie. Les débris de la levée de 1792 s'en retournent vieillis et mutilés : le guerrier mûr, qui menait les volontaires à l'ennemi, a perdu la vue comme Bélisaire; le dragon, qui chargeait à Wagram, mêle son sang affaibli au sang de son cheval qui s'abat moribond dans la neige; l'enfant de troupe, né dans les rangs de Jourdan, protège maintenant la déroute. Des loups affamés rôdent à travers les sapins autour de cette poignée de braves qui se traînent, désespérant de revoir la France, tandis que l'*Hiver*, enveloppé de peaux d'ours et assis sur un glacier, les couvre impitoyablement de ses frimas.

La *Résistance*, c'est le suprême effort de la France impériale épuisée contre l'invasion étrangère. Les derniers défenseurs de l'autel de la Patrie.

La *Paix* agite son rameau d'olivier et fait rentrer d'un

signe l'épée du guerrier dans le fourreau. Le laboureur accouple ses bœufs sous le joug de l'Agriculture qui se réveille, et le matelot roule les cordages, au milieu des ballots du Commerce qui refleurit.

L'artiste voulait couronner l'Arc de Triomphe de l'*Apothéose de Napoléon* foulant un hémisphère aux pieds de son cheval et suivi par la Victoire essorée. Mais le gouvernement de Juillet crut nécessaire de contenir cette fois l'enthousiasme napoléonien, qui tendait à le déborder. Il n'approuva pas davantage le projet d'un quadrige triomphant, et Rude proposa, dès lors, d'asseoir sur le globe doré du monde la figure colossale en bronze de la France, la tête entourée de rayons, les pieds posés sur un aigle portant dans ses serres des couronnes et des sceptres brisés. Aux quatre angles de la plate-forme de l'édifice, le sculpteur faisait pleurer les *Puissances* à jamais vaincues, non pas avec l'impartialité de l'historien, mais avec l'engouement national du démocrate et la vanité militaire de l'invalide.

Il a laissé, de ces divers motifs, cinq ou six dessins au trait, à la manière de Flaxman, et une quarantaine de petites esquisses en plâtre dont quelques-unes traînent dans les couloirs des ministères. Il demandait au gouvernement de bâtir une maison-atelier sur la plate-forme de l'Arc pour faire sur le lieu même, sans manquer à la perspective, le modèle de ses figures de trente pieds, qui devaient être ensuite coulées en bronze. Mais tout grand projet est rongé par les intrigants, comme un beau fruit par les insectes. Il ne lui fut donné d'exécuter que la portion de la frise déjà mentionnée et le bas-relief du *Départ*. Avec cette déplorable habitude de distribuer les travaux publics par fragments aux hommes de talent comme aux plus vulgaires solliciteurs, la Direction des Arts enlève à nos monuments tout caractère d'ensemble et de grandeur, et, sans faire taire les plus infimes mécontentements, se change en bureau de bienfaisance.

Un *Mercure* en bronze de demi-grandeur naturelle pour M. Thiers; le *Jeune Louis XIII* en argent pour M. le duc de Luynes; le *Baptême de Jésus-Christ* (église de la Madeleine); le *Maréchal de Saxe* (musée de Versailles); *Caton d'Utique*, commencé par Roman (jardin des Tuileries); les bustes de *Louis David* (musée du Louvre), de *Devosge* (musée de Dijon), de *Dupin aîné;* la *Résurrection de Napoléon sur le rocher de Sainte-Hélène* (à Fixin, Côte-d'Or); *Godefroy Cavaignac couché sur son tombeau;* le *Calvaire* (église Saint-Vincent-de-Paul); *Gaspard Monge* (ville de Beaune); le *Maréchal Ney* (place de l'Observatoire, à Paris); enfin les statues en marbre d'*Hébé* et de l'*Amour vainqueur du monde* : telle est la suite des plus importants travaux exécutés en France par l'illustre statuaire, depuis son retour de Belgique jusqu'à sa mort. Quelques-uns de ces sujets suffiront à nous expliquer la nature de ses impressions et de ses procédés, et entre tous la *Résurrection de Napoléon sur le rocher de Sainte-Hélène.*

Dans le village de Fixin, à deux lieues de Dijon, vit le capitaine Noisot, type devenu célèbre parmi nos vétérans par son culte pour Napoléon Ier. Il s'est plu à décorer sa maison et son enclos de fortins et de joujoux guerriers. Les enfants font des reposoirs, les dévotes improvisent des chapelles de fleurs pour le *Mois de Marie*, les vieux soldats dressent sur un autel, au fond de leur jardin, la statuette en plâtre peint de l'Empereur : M. Noisot ne pouvait vivre plus longtemps sans l'image de son dieu des batailles, et Rude, qui partageait la naïveté de ses sentiments, modela l'idole :

Napoléon, couché sur le rocher de Sainte-Hélène, en uniforme de colonel de chasseurs, le front couronné de lauriers, soulève lentement les plis du manteau de Marengo, qui lui sert de linceul, et se réveille insensiblement du sommeil de la mort pour s'élancer dans l'éternité. L'aigle gît à ses pieds, la langue tirée, la serre détendue, l'aile pendante dans les flots. L'épée tant redoutée est liée par les chaînes de l'Europe prudente et les fers symboliques du captif de la Sainte-Alliance, délivrée par la mort, pendent brisés aux flancs du roc expiatoire.

C'était en 1847, après la messe commémorative du 15 août : les invalides se pressèrent dans l'atelier de Rude et firent éclater leurs transports. On les vit tour à tour menacer du poing l'Angleterre, accuser le Roi de *la paix à tout prix*, interroger le bronze, le couvrir d'immortelles, l'échauffer de baisers et l'arroser de pleurs. Il fallut, le lendemain, laver la statue.

Premier porteur d'eau.

Vois-tu comme sa tête et ses pieds dépassent le rocher ?

Second porteur d'eau.

C'est qu'il y était gêné, lui, pour qui l'Europe était trop petite.

Premier porteur d'eau.

Son épée est enchaînée, parce que les Anglais ont craint qu'elle ne fît la conquête du monde.

Second porteur d'eau.

Et son aigle... il est mort de chagrin ?

Premier porteur d'eau.

Cela veut dire que sa brave armée n'existe plus et qu'elle n'a pu vivre sans lui (1).

Quelques jours après la statue fut dressée, aux acclama-

---

(1) Ce dialogue est tiré à la lettre de la *Notice sur le monument élevé à Napoléon par MM. Rude et Noisot*, in-8°, Dijon, imprimerie Loireau-Feuchot 1847. Page 16.

tions des communes bourguignonnes, sur un tumulus du clos Noisot, ombragé de thuyas et dominant toute l'étendue de la plaine bornée par le Jura et par les Alpes. M. Noisot prononça ce discours :

« Messieurs, j'ai besoin de vous dire quelques paroles qui me semblent être ici à leur place.

« Rassurez-vous, ce n'est point un discours, c'est une révélation qui nous a été faite, depuis l'exécution de ce monument, par M. Marchand, le serviteur et l'ami du grand Empereur, révélation qui fait honneur au caractère des Bourguignons.

« Vous savez, Messieurs, nous savons tous, que la maladie qui a tué notre Napoléon a pris son origine sur le rocher tropical de Sainte-Hélène. Après cinq ans d'agonie, après cinq ans de martyre, un jour le Christ moderne (1) se sentant plus mal... il ne se trompait pas, l'heure solennelle approchait !... dit à Marchand : « Console-toi : ton exil touche à « sa fin; tu reverras la patrie, toi ! tu reverras la France ! « Eh bien ! crois-moi, achète un coin de terre en Bourgogne; « c'est la patrie des braves; j'y suis aimé; on t'y aimera à « cause de moi ! »

« Il aimait donc les Bourguignons, Messieurs, puisqu'il leur adressait ses amis ! Il avait raison.

« Voyez, Messieurs, une circonstance, un hasard, le doigt du ciel peut-être, a jeté l'un en face de l'autre deux hommes, un vieux soldat et un vieil artiste, tous deux contemporains du grand Empereur ! C'est ici, à cette place même que nous avons parlé de lui ! « Comprenez-vous, mon cher Rude, lui « disais-je dans ma douleur, qu'il n'y ait pas en France un « tableau, une figure, un monument qui rappelle à mes yeux « mon Empereur, celui que j'ai connu si grand, si glorieux, « et dont j'aurais voulu partager les deux exils ! »

(1) Napoléon Ier eût certainement mis aux arrêts l'officier qui se fût permis de l'appeler le *Christ moderne*.

« Il fallait voir en ce moment comme moi l'œil étincelant du vieux sculpteur : il était beau de bonheur et d'inspiration. « Mais, me dit-il avec vivacité, que voulez vous faire « d'une statue? où voulez-vous la placer? — Ici, là, en face « des Vosges, en face du Jura, des Alpes, en face de l'Italie! « ayant à ses pieds les vallons et les champs de la Bourgogne! — Eh bien! consolez-vous, mon cher Noisot, me « dit-il en me pressant la main, *je vous ferai* un Empereur! »

« Messieurs, le croiriez-vous, son amitié ne me disait pas tout; car depuis longtemps il avait fait ce monument dans sa pensée pour en doter la Bourgogne, sa patrie. Ainsi, je n'ai à me vanter ici que d'une chose, et je m'en contente, c'est de l'honneur insigne qu'il m'a fait en me choisissant pour couvrir sa modestie. Ne vous y trompez donc pas, Messieurs, la gloire est à l'artiste, et je dois décliner ici la part d'ovation que vous voudriez peut-être m'offrir.

« Si je ne craignais d'abuser, je rappellerais encore ces paroles qui nous viennent de Sainte-Hélène : « Je désire que « mes cendres reposent sur les bords de la Seine, au milieu « de ce peuple que j'ai tant aimé! »

« Honneur à la main royale qui a accompli ce dernier vœu de l'Homme du Destin. La Capitale peut avec raison être fière de l'honneur de posséder son corps. A nous, Messieurs, il nous faisait une autre part : il nous adressait ses amis; mais nous avons aujourd'hui quelque chose de plus, nous avons son image reproduite par un bronze immortel. Plaçons donc, Messieurs, une fleur, une branche de chêne sur le front du vieux sculpteur, sur le front du moderne Phidias auquel nous le devons.

« Il nous reste à remercier avec effusion les magistrats, les citoyens, l'armée, de l'empressement qu'ils ont mis à honorer, à embellir de leur présence cette fête de famille donnée au milieu des montagnes.

« Nous confions ce monument à l'honneur national, au patriotisme énergique des Bourguignons! et si un jour les ennemis de la France, les Barbares, les Vandales, osaient encore une fois tourner leur front et marcher contre nous au cri de : « Paris ! Paris ! » en défendant notre patrie, nous défendrons aussi ce monument que nous découvrons aujourd'hui ! »

Les cris de *Vive Napoléon! Vive Noisot! Vive Rude!* se mêlaient dans l'air fatigué aux accents de la musique militaire qui jouait la *Marseillaise* et *Veillons au salut de l'Empire!* Deux jours après un banquet fut donné à Dijon : les notabilités provinciales : préfet, général, artistes, conseillers municipaux, notaires, juge de paix, directeurs de Messageries, épanchèrent leur verve :

A LA MÉMOIRE DE FRANÇOIS DEVOSGE ! — A M. RUDE ! A MADAME SOPHIE RUDE ! AU CAPITAINE NOISOT ! A L'ÉCOLE DES BEAUX-ARTS DE DIJON !

Et toujours :

Vive Napoléon! Vive Rude! Vive Noisot!

Les légendes populaires vinrent ensuite :

Une vieille femme de Fixin, disait-on, descendait de la montagne au village : « Eh bien, bonne mère, avez-vous vu Napoléon ? — Ah ! monsieur le curé, je l'ai trouvé si triste, que je n'ai pu m'empêcher de me mettre à genoux et de dire pour lui un *Pater* et un *Ave* (1). »

— « Voyez-vous cette statue, disait un ouvrier ? Rude a mis vingt ans à la faire : cela ne m'étonne pas, elle est assez belle pour cela. Quand elle a été faite, les Anglais l'ont su, et ils sont venus à Paris lui demander son moule. — « Mon moule, s'est-il écrié, mon moule, à vous, Anglais, qui l'avez fait mourir ! » Il a saisi son marteau, il a brisé son moule, et puis il leur a dit : « Mauvais gueux que vous êtes, faites-en une pareille à présent, si vous pouvez ! (2) »

---

(1) *Notice sur le monument élevé à Napoléon par MM. Rude et Noisot*. brochure déjà citée. Page 32.

(2) *Notice*, etc. Page 32.

Le *Napoléon* est un ouvrage manqué, mais il n'est pas étonnant qu'il ait excité l'enthousiasme populaire : la tête de l'Empereur, soigneusement faite d'après le moulage en plâtre si connu, le costume d'une minutieuse fidélité historique et l'épée calquée sur celle que l'on conserve aux Invalides frappaient les regards et réveillaient les souvenirs des vieux soldats. Mais il ne s'agissait pas seulement ici de la copie rigoureuse d'un homme, il fallait une *Apothéose.*

L'Empereur, au contraire, semble sortir de son manteau étriqué, comme une Vénus marine de sa conque entr'ouverte : l'effet est déplaisant. Cette idée du sculpteur, devinée par les porteurs d'eau, de lui faire dépasser des pieds et de la tête le rocher trop petit pour lui, est une idée prétentieuse et stérile. Le plus ou moins d'étendue du corps de Napoléon ne donne pas la mesure de la grandeur de son génie. Le géant du *Café Turc* enchaîné sur un banc de pierre figurait assez mal Prométhée.

Au point de vue purement simple de l'exécution, cette statue, comme tous les ouvrages sortis de la main de Rude, porte le cachet d'un talent exact, robuste et patient. Son esprit ne franchissait pas les limites de la vie commune et ne s'élevait pas de beaucoup au-dessus de la réalité.

Les opinions et les pratiques du sculpteur Rude se trouvent longuement exposées dans un livre d'Éméric David (1), qui les avait lui-même tirées de la compilation des auteurs, depuis Pausanias jusqu'à Winckelmann.

Les artistes de la Grèce, fidèles au culte national de la force et de la beauté physiques, recherchèrent d'abord les plus parfaits modèles vivants et les imitèrent avec exactitude. Une loi rigoureuse exigeait même des sculpteurs chargés de la *statue iconique* des vainqueurs d'Olympie la plus scrupuleuse ressemblance, et les Hellanodices ne manquaient

(1) *Recherches sur l'art statuaire chez les anciens et chez les modernes*, in-8°, Paris, 1805.

pas de repousser les ouvrages qui n'étaient pas conformes en tous points aux exigences du programme. Ainsi feraient nos célèbres *sportsmen* pour avoir le portrait de leurs étalons. Les athlètes de l'antiquité furent nécessairement réunis, comparés et mesurés dans les ateliers. Les experts remarquèrent des particularités de structure plus ou moins sensibles dans les pieds, dans les hanches d'un coureur, dans les épaules, dans les reins d'un lutteur, dans les bras, dans la poitrine d'un pentathle.

De l'imitation exacte, en ce seul cas imposée au sculpteur, Rude inféra que les artistes grecs avaient une tendance décidée vers le réalisme, et il crut suivre la vraie tradition en copiant rigoureusement le modèle vivant.

Les anciens apportaient, dit-on, dans toutes les parties de l'exécution statuaire, le même soin qu'ils donnaient à la mesure préalable des proportions. L'armature sur laquelle ils bâtissaient leurs maquettes avait sans doute la justesse et le jeu d'un squelette humain. On a aussi prétendu, mais sans vraisemblance, qu'ils modelaient d'abord le squelette jusqu'au moindre détail et qu'ils le recouvraient ensuite de tous les muscles. Parfois il leur arrivait, dit-on, d'improviser dans le bloc de marbre, avec une hardiesse qui fut plus tard possible à Michel-Ange.

Winckelmann cite trois pierres gravées du cabinet de Stosch, qui représentent : 1° Prométhée mesurant le corps humain à l'aide d'un fil à plomb; 2° Prométhée modelant le squelette; 3° Prométhée pesant dans une balance les membres humains.

Rude voyait dans ces allégories la méthode suivie par le statuaire antique : 1° Examen général des proportions; 2° construction de l'ossature; 3° modelé des muscles.

Le squelette occupait d'abord son attention. En le considérant naturellement comme l'armature intérieure du corps humain, comme le centre de la force et du mouvement, il soutenait que la physionomie de l'individu dépend surtout de la longueur et de la forme des os, dont le seul jeu suffit à le faire reconnaître à de longues distances. Il disait avec le compilateur déjà cité : Qu'est-ce que la peau ? Le vêtement des muscles. Que sont la peau et les muscles ? Le vêtement des os. Le squelette est le premier ouvrage de la Nature, qui, après l'avoir modelé, se mit à le revêtir. Rude arriva même à donner cette bizarre définition : « L'homme est un squelette dont les muscles sont l'ornement. »

Il étudiait en second lieu les muscles l'un après l'autre avec la plus grande rigueur.

Armé du compas et du fil à plomb en face du modèle vivant, il prenait ses « trois points de ronde bosse » entre les clavicules, au milieu de l'os pubien, à la malléole interne ; réglait les parties comprises entre ces grandes divisions, marquait les têtes d'os, les éminences musculaires, et levait pour ainsi dire le plan topographique du corps humain.

Ses élèves les plus zélés tatouaient d'encre les articulations et saillies du modèle, et ne manquaient jamais, à l'exemple de leur maître, de planter dans leurs maquettes des chevilles de bois pour points de repère.

L'enseignement de Rude se réduisait donc à peu près à l'ensemble des moyens géométriques employés par tous les ouvriers sculpteurs chargés de reproduire en pierre ou en marbre un modèle donné, et que l'on appelle la *mise au point*.

Les Grecs ne se rendirent pas ainsi tout à fait esclaves du modèle. Il est même avéré que l'usage des instruments de précision leur permit non-seulement de s'en affranchir, mais de le dominer absolument. L'expérience leur démontra bientôt que le plus bel homme et la plus belle femme ne sont que des fragments plus ou moins parfaits de la Beauté. Du rapprochement de bien des types particuliers, choisis dans les deux sexes à tous les âges de la vie, ils tirèrent des types généraux qui participaient de la vérité de la nature et des inventions de l'esprit.

Michel-Ange mesura peut-être, lui aussi, les proportions

de la *Nuit* sur les plus belles femmes de Florence; mais il est certain que pas une d'elles n'égalait en beauté la statue qu'il nous a laissée.

Rude, obéissant et timide devant la vérité extérieure, appelait respectueusement Nature tout modèle vivant posant devant lui à cinq francs par jour et refrénait ainsi la liberté de ses propres impressions. En copiant le mieux du monde tel ou tel homme, il ne traduisait pas l'Humanité. Il n'était pas un de ces esprits qui, à force d'expériences, arrivent aux plus hautes généralités et aux procédés les plus simples. Il ne sut jamais abréger sa méthode. A chaque nouvelle statue, il paraissait recommencer ses études avec une invincible ténacité. Du reste, il se jugea lui-même en niant l'innéité du génie par les deux formules de son ami et compatriote Jacotot (1). *Qui veut peut ; — Toutes les intelligences sont égales.*

Son école se composa, en 1844, des élèves de David d'Angers, alors en voyage. On aima Rude, on le respecta profondément, parce qu'il se montrait à la fois bon, juste, sévère (il avait horreur de voir les jeunes gens vivre avec des maîtresses), désintéressé, et qu'il n'exploitait jamais à son profit le talent de personne. Pour encourager un de ses plus faibles élèves, il alla jusqu'à lui permettre de travailler avec lui au monument funèbre de Godefroy Cavaignac et signa le nom de ce jeune inconnu à côté du sien. Il n'exigeait que six mille francs pour son modèle de la statue d'argent de Louis XIII ; mais le duc de Luynes ne crut pouvoir se dispenser en conscience de lui en faire accepter dix mille. Le jour où le sculpteur se fut assuré quinze cents francs de rente par le règlement définitif de ses affaires, il répondit à M. Thiers, qui lui offrait trente mille francs sur la caisse du ministère pour un voyage en Italie : « Je suis très-sensible à votre libéralité, mais je n'ai besoin de rien. »

---

(1) Jean-Joseph Jacotot (1770-1840), pédagogue, créateur de la méthod de l'*Enseignement universel.* (N. de l'E.)

L'honorable artiste, arrivé à l'âge de soixante-douze ans sans avoir pour ainsi dire connu la douleur physique, se sentait depuis quelque temps la poitrine embarrassée vers la région du cœur: Une certaine mélancolie se révélait dans ses paroles avec la lucidité d'un pressentiment : « Pourvu qu'il me reste le temps de finir la statue d'*Hébé*, je quitterai, disait-il, le monde sans regret. » On lui disait au coin du feu une lettre d'ami venue de la Bourgogne : il en écouta quelques lignes en souriant, posa sa pipe et s'endormit dans la mort sans agitation et sans trouble.

Bien qu'il se soit rarement élevé par l'imagination vers les régions lumineuses, il s'est montré dans tout le cours de son existence supérieur aux illustres pédants et même à la plupart des artistes libres qui ont pris pour de l'inspiration le désordre de leur esprit. Sa mémoire vivra dans l'École française, et, pour mon compte, je me fais un devoir d'honorer à la fois en lui la probité de l'homme, le savoir du statuaire et les généreuses illusions du citoyen. Son culte étroit de la tradition me paraît même respectable, en ce sens qu'il a réagi contre les tentatives des novateurs ignorants. Le savoir ne nuit qu'aux pédagogues d'Académie; mais les grandes lois qui résultent des observations du génie sont excellentes à suivre pour quiconque ne veut pas les appliquer aveuglément. Les plus illustres exécutants : Léonard de Vinci, Albert Durer, Michel-Ange, les ont connues et s'y sont plus ou moins conformés. Est-il étonnant que Rude ait exagéré leur précision dans la sculpture, de tous les arts le plus positif et le seul matériellement commensurable ?

Il a pourtant laissé quelques ouvrages qui attestent tour à tour la grâce, la correction, la vigueur, la franchise de son talent : le *Jeune pêcheur napolitain*, *Louis XIII* et la statue de Godefroy Cavaignac, mort à temps pour ne pas voir grandir dans le sang et les larmes les sombres lauriers du dictateur de Juin.

Que dire du mausolée élevé à Pagnerre, l'heureux marchand

d'almanachs démocratiques, au boutiquier Pagnerre, qui, à la faveur de nos agitations, devint un législateur et porta ses pénates enorgueillis dans les appartements que la reine Marie de Médicis habitait autrefois au palais du Luxembourg ? Cet ouvrage est une concession à la vanité bourgeoise, que le bon goût devait interdire au sculpteur Rude.

Hébé est une conception ingénieuse, réalisée d'une main délicate et savante. L'aigle joyeux, tournant autour de la déesse, lui fait de ses ailes étendues une auréole de marbre transparent qui s'illumine avec une certaine magie.

Mais un ouvrage d'inspiration qui suffit à la gloire de Rude, c'est le *Départ des volontaires de 1792* à l'Arc de Triomphe de l'Étoile.

Le Génie de la Patrie, les ailes étendues, les cheveux épars, les bras éperdument levés, crie : *Aux armes!* Les guerriers de tout âge marchent à la frontière qu'il montre de la pointe de son glaive. A l'électrisant refrain de l'hymne révolutionnaire, qui emporte les bataillons, se mêlent le son des trompettes, le cliquetis des armes, le hennissement des chevaux et le frissonnement des étendards. Dans l'élan de ce départ, on lit déjà la victoire. Reviendront-ils, ces volontaires intrépides? Peu leur importe; le Génie qui les guide semble leur dire, en étendant la main vers les hauteurs du ciel : « Ceux qui meurent pour la Patrie se réveilleront dans la Gloire. »

D'autres héros s'élèveront de toutes parts au souffle de l'enthousiasme national. Quand leurs aînés auront sauvé le territoire, eux en reculeront les limites et, soutenant l'idée par le glaive, feront éclater à la fois aux yeux des peuples puissance militaire, grandeur civile et noblesse de l'art. Ils choisiront entre toutes les richesses du vaincu les chefs-d'œuvre de l'intelligence humaine pour dépouilles opimes, et les mystérieux monuments de l'Égypte, les belles statues de la Grèce, les superbes tableaux de l'Italie, de l'Allemagne, de la Flandre, de la Hollande et de l'Espagne arriveront sur leurs fourgons victorieux dans le vieux Louvre, le premier musée du monde, l'encyclopédie figurée de toutes les civilisations.

Le *Départ* n'est pas écrit dans la pierre en caractères historiques, mais dans le style de l'Allégorie. Pour éviter la pauvreté du costume moderne, le statuaire a représenté ses personnages demi-nus, couverts de casques et armés à la manière antique. Ils s'avancent, non pas avec la furie française, mais animés de la foi des vieux temps, de l'énergie stoïque de Léonidas, de Phocion et de Philopœmen. Les alarmes n'ébranlent pas ces guerriers austères, dont les coups froidement mesurés sont mortels.

Ce groupe robuste écrase toutes les sculptures qui l'avoisinent, et par le caractère de l'exécution, et par la fierté du sujet, qui frappera toujours les âmes viriles. Le *Départ des volontaires de 1792* est le plus grand élan d'enthousiasme qui ait remué les entrailles de la France.

BARYE

Barye, — sa supériorité d'artiste à part, — m'a beaucoup frappé par la noblesse du caractère. Je crains de blesser sa modestie en lui disant la vérité; il aime mieux mériter l'éloge que le recevoir.

J'accompagnais naguère un vieil ami chez l'illustre statuaire. Nous allions, observant toutes choses en chemin à travers ce Paris merveilleux et profond que l'on ne connaîtra jamais bien, mais que l'on aime d'autant plus que l'on y a vécu plus longtemps. Devant nous l'étincelante flèche de la Sainte-Chapelle portait ses apôtres et ses anges de fonte dans le brouillard traversé par quelques rayons d'un soleil maladif. La bise nous violentait le long des quais de la Seine et semblait pétrifier les musiciens aveugles sur les trottoirs des ponts. Il n'y avait plus un marchand d'oiseaux, de rats blancs ou de cochons d'Inde à l'entour de la Morgue, ni une lavandière sous les arceaux de l'Hôtel-Dieu, du côté où le fleuve est si encaissé, si calme et si lugubre. A la place Maubert, la population pauvre grouilla sur nos pas : les rôtisseries de rogatons, les triperies sanguinolentes et les boutiques de guenilles nous écœuraient par leurs fétides exhalaisons.

Nous arrivâmes à la porte de l'ancien collége de la Marche. Là demeurait le sculpteur Barye. Cette vieille maison monumentale, maintenant occupée par une Crèche du douzième arrondissement et par des familles indigentes, plaît à l'artiste qui a toujours fui la plate physionomie des quartiers opulents pour faire en liberté ses observations dans ces rues souffreteuses et pittoresques. Au bout de l'avenue, fermée par une grille massive, s'étend une vaste cour qui sert de remise aux brouettes des verduriers et aux voitures des saltimbanques en chômage. L'abbé Delille faisait en son temps un *Cours de Belles-Lettres* dans la première salle du rez-de-chaussée, à droite, devenue l'atelier de Barye. L'artiste le plus simple a remplacé le rimeur le plus affecté, dans ce laboratoire aux noires poutres, aux murailles suintantes; espèce de glacière qui tuerait en hiver un homme frêle : Delacroix n'y vivrait pas huit jours. Barye se trouve bien partout. Son tempérament romain est commandé par une âme inflexible. Je m'honore de le connaître depuis dix ans, et chaque jour ajoute à l'estime et à l'admiration que j'ai pour lui. Je l'ai vu pour la première fois dans l'atelier que le peintre Jeanron lui avait offert au Louvre durant son administration des musées nationaux. Le nouveau directeur le lui retira. L'illustre statuaire éconduit charriait, couvert de poussière, ses livres, ses portefeuilles et ses modèles de plâtre dans un coin, pour regagner sans mot dire la rue de la Montagne-Sainte-Geneviève. Sa figure me frappa; je sentis en lui l'homme à la hauteur de l'artiste. L'impression était juste.

Il est âgé de soixante-dix ans, de taille svelte et au-dessus de la moyenne. Mise modeste et soignée; maintien et gestes précis, tranquilles, dignes. Rien de sec, de pédantesque. Ses yeux vigilants, fermes, regardent toujours en face, franchement, profondément, sans provocation ni insolence. Le front se dépouille de la chevelure courte et blanchissante; le nez est légèrement retroussé; les plans de la face d'une carrure vigoureuse sont finement reliés.

Barye vous observe, vous attend, vous écoute avec patience et vous pénètre infailliblement. Toutes ses paroles portent juste, mais elles sortent avec effort de ses lèvres minces, violentes et presque toujours scellées par la sagesse, car chez lui l'amour du silence est une vertu. La mélancolie et la fierté s'exhalent par échappées du fond de son âme et se répandent sur son visage clair et vénérable.

Cet homme tout à fait supérieur déteste le mensonge et l'emphase, évite la pleine lumière, garde son esprit pour son œuvre, fortifie son âme contre l'adversité, et suit la maxime : « Il vaut mieux être que paraître. » Il n'a jamais fait un pas ambitieux; il n'a jamais dit un mot servile. Personne n'osera lui imputer une inconvenance, et il n'y a pas de trace en lui de cette jalousie qui s'infiltre comme un poison dans le cœur de l'artiste et de l'homme de lettres : oubliant ses propres ouvrages, il a plaisir à vanter les autres; et n'a jamais besoin d'être averti par la renommée pour reconnaître le mérite. Je ne connais pas de contemporain mieux disposé que lui à écouter ce qui est vrai, à exalter ce qui est beau. Il évite avec soin de parler de lui-même et d'en entendre parler : il faut lui tirer les paroles une à une ou deviner ses impressions. Vous le croiriez aigri, égoïste, dissimulé. Non, non, Barye est tout bonnement une nature loyale et pudique, ennemie du caquetage, fléau de notre temps. Il cause quand il lui plaît avec beaucoup d'esprit, de netteté; il saurait railler à l'emporte-pièce, mais la plus discrète ironie lui suffit. Poussé à bout, il serait implacable et terrible, en homme qui met toujours le droit de son côté. Observateur naïf et profond, grand sculpteur, savant naturaliste, homme sensible et non sentimental, convaincu de sa valeur, sans vanité, solide dans ses affections, méprisant ses ennemis jusqu'à les oublier, très-bienveillant pour autrui et dur envers lui-même : le voilà.

Il ne faut pas plus de qualités pour déplaire. Aussi n'a-t-il pas eu la sympathie des coteries académiques et la faveur des gouvernements. Dans la durée du dernier règne, aucun travail digne de son talent ne lui fut demandé. Les neuf sujets, composés d'hommes et d'animaux (surtout de table pour le duc d'Orléans, — neuf chefs-d'œuvre), et beaucoup de pièces de médiocre dimension exécutées ensuite, ne sont que des jeux pour cette habile et forte main. Tous ses petits bronzes, jugés naguère incomparables par un jury international (1) et condamnés à surmonter des pendules ou à serrer des papiers, me semblent d'irréprochables modèles de grandes statues qui, exécutées aux frais de l'État, eussent embelli les musées, les places publiques et fait l'admiration de l'Europe (2). David d'Angers évoque la Constituante et la Convention nationale sur le fronton du Panthéon; Pradier étale ses victoires sous le dôme des Invalides : Rude groupe les défenseurs de la patrie à l'Arc de Triomphe de l'Étoile. Tous les sculpteurs renommés de ce temps ont doté Paris de quelque grand ouvrage, et il n'est pas de méchant praticien d'Académie qui n'ait affligé de ses détestables figures nos galeries et nos avenues (3). Barye s'est vu refuser le droit de produire dans toute sa valeur aux yeux de son pays. Ses deux grands Lions, l'un si violent, l'autre si majestueux sont des essais faits à loisir forcé (4).

---

(1) Exposition universelle de 1855 *(Section des bronzes d'art)*. Un des membres les plus éclairés du jury, le regrettable Achille Devéria, conservateur du Cabinet impérial des Estampes, déclara dans son *Rapport* ces bronzes dignes d'être mis hors de concours. Barye a reçu la grande médaille d'honneur sans partage et la croix d'officier de la Légion d'honneur. La lumière se fait.

(2) M. Herbert disait : « Si ce grand sculpteur était Anglais, on verrait ses statues dans les musées et sur les places publiques de Londres. Il serait comblé d'honneurs. » Les Anglais sont en général de très-plats marchands; mais, quand un artiste éminent a fait chez eux ses preuves, ils savent le respecter et l'enrichir.

(3) *Minerve*, statue en bronze par M. E. Gatteaux, de l'Institut (Musée du Luxembourg). C'est la quintessence du mauvais.

(4) Ces lions, que l'on voit dans le jardin des Tuilleries, au bas de la terrasse du château qui longe la Seine, ont à peine couvert les déboursés de l'artiste. Celui qui étouffe le boa — un irréprochable spécimen de fonte à la cire perdue, coulé par l'habile et consciencieux Honoré Gonon, sous les yeux de l'auteur, date de 1832; — l'autre, dont la silhouette monumentale

Les maîtres des grands siècles ont été surchargés de travaux : Michel-Ange en fut constamment accablé, et l'austère fierté de son caractère ne lui fit jamais perdre la faveur des princes; Benvenuto Cellini, malgré ses caprices insolents et terribles, ne fut jamais laissé les bras croisés; la disgrâce de Puget, qui fait tache dans la gloire de Louis XIV, n'était pas absolue, bien que la rudesse d'un pareil talent fût de nature à choquer une cour habituée à toutes les élégances; Barye n'a pas eu de Mécène.

Pourquoi s'est-il retiré sous la tente? Par dégoût. Il eût triomphé avec moins de noblesse personnelle, c'est vrai, mais sans trop d'intrigue. Les natures fières et délicates n'ont pas beau jeu.

Voyez l'heureux Pradier! Après que sa ville natale de Genève l'a défrayé de sa première éducation à Paris, les travaux lui arrivent comme par enchantement; il fait fureur; il veut se faire l'unique entrepeneur de tous les travaux de sculpture mis en question, non-seulement en France, mais en Europe. Tout artiste à qui l'État fait une commande devient son ennemi personnel; il accable le roi, la reine, les ministres, les généraux, les pairs, les députés, les femmes du monde et les membres de l'Institut, de sollicitations.

Jamais homme de talent ne se montra plus astucieux, plus cupide. Il s'emportait contre les personnages qui essayaient de se soustraire à son importunité, accusait le roi Louis-Philippe d'avarice, le menaçait d'une révolution quand il ne pouvait lui faire un de ses ouvrages au poids de l'or, et semblait toujours lui dire : « Si vous n'achetez pas mes statues, j'en ferai des barricades! »

David d'Angers avait aussi beaucoup de savoir-faire à l'appui de son talent. L'on conçoit de reste combien il dut flatter la vanité des petites villes de France en proposant

---

profile avec tant de fierté, fut placé par les ordres du peintre Jeanron immédiatement après la révolution de 1848, aux applaudissements du public. des meilleurs artistes et de M. Thiers en particulier.

à chacune d'elles la statue de son grand homme populaire. Il ne lui fut pas difficile non plus d'exciter en sa faveur l'enthousiasme des célébrités vivantes du siècle, en les prenant au collet à Paris ou en les allant visiter dans leur contrée pour modeler leurs traits augustes. Il sut choisir dans la phrénologie les plus flatteuses bosses, les distribuer largement et mettre des rallonges à la couronne de Dante trop étroite pour le front de Victor Hugo. Le poëte lui offrait en retour les Alpes et le mont Athos à sculpter.

Barye, incapable de ces parades, n'a été et n'a voulu être qu'un excellent statuaire; aussi ne lui a-t-on pas demandé de statues.

Cela me mène à dire en passant qu'il se joue depuis longtemps chez nous, dans le monde des arts, cette comédie : tout lauréat de l'école de Rome peut faire partie, si cela lui plaît, d'une société dont les membres sont liés par le serment de se procurer des travaux et de se pousser mutuellement à l'Institut, à l'exclusion des talents supérieurs qui ne veulent rien avoir à démêler avec les coteries. Phidias, Michel-Ange, Raphaël, Rubens, Rembrandt, le Corrége, revenant parmi nous, seraient mis à la porte par ces carbonari classiques. Cette amusante société secrète d'artistes s'appelle la *Confrérie de l'oignon*, parce qu'elle se réunit de temps en temps pour manger une soupe à l'oignon. Elle banquetait autrefois, pour régler les intérêts de l'art, place du Châtelet, AU VEAU QUI TETTE. Pradier, l'un des convives, en riait à se tenir les côtes. Delacroix et Rude, n'étant ni des *romains*, ni des congréganistes de l'oignon, se sont longtemps butés à la porte de l'Institut. Rude est mort sans entrer dans cette terre promise. Les académiciens se sont bien gardés d'offrir le fauteuil vide de David d'Angers à Barye, le plus éminent des statuaires qui nous restent, et peut-être le seul capable de rendre des services à l'enseignement : de son côté, Barye ne veut ni les voir, ni les entendre, ni tenir d'eux un honneur qui lui est dû. J'aime cette fierté.

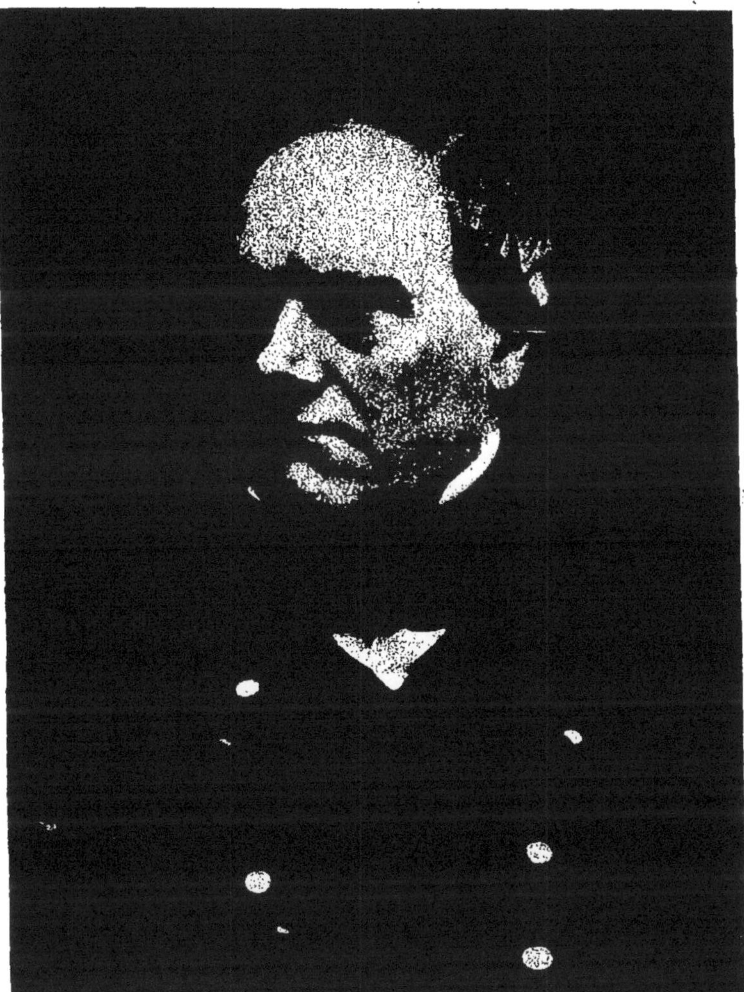

Cl. Nadar.

BARYE

Barye (Antoine-Louis) est né à Paris dans les premiers jours de vendémiaire an IV de la République (septembre 1796). Fils d'un père sans fortune, il ne reçut aucune éducation. A l'âge de treize ans et demi, il devint l'apprenti d'un graveur sur acier nommé Fourier, qui avait pour spécialité la fabrication des casques, des hausse-cols, des aigles et des croix d'honneur. Cet artisan, doué d'un vrai talent d'artiste, faisait de temps en temps pour l'orfèvre Biennais quelques bas-reliefs sur l'or fin et malléable des tabatières que Napoléon Ier donnait aux souverains. « Je me souviens, dit Barye, d'en avoir vu travailler cinq ou six, dont l'un notamment représentait l'*Entrevue des deux empereurs Napoléon et Alexandre.* »

Après trois ans d'apprentissage chez Fourier, le jeune homme, appelé par la conscription avec huit de ses camarades d'atelier qui périrent tous à la guerre, prit du service dans la brigade topographique du génie. Il y apprit à lever et à modeler ces plans sur lesquels l'Empereur étudiait et marquait les points de fortification. « J'ai travaillé, dit-il, nuit et jour aux reliefs du mont Cenis, de Cherbourg et de Coblentz, probablement conservés dans nos archives militaires. » A dix-sept ans, il fut incorporé dans le 2e bataillon des sapeurs du génie.

« Un soir, dit-il, c'était le 30 mars 1814, — je revenais très-fatigué d'une longue promenade à travers les champs de Montrouge, le portier du Dépôt de la guerre me cria par le guichet : « *L'armée est partie, allez bien vite la rejoindre sur les bords de la Loire!* » Comme je n'avais pas un sou pour entreprendre moi-même cette retraite devenue si célèbre, je regagnai la maison paternelle.

« Licencié après la capitulation de Paris, je repris ma profession de ciseleur; j'étais tourmenté par ma vocation pour la statuaire. Je m'appliquais au dessin et au modelé; mais, comme je n'étais pas remuant, je ne savais ni comment trouver un maître ni comment vivre en étudiant. »

Il entra pourtant, en décembre 1816, chez le sculpteur Bosio pour modeler, et en mars 1817 dans l'atelier du peintre Gros pour dessiner. L'année suivante, il fut reçu en loge à l'École des Beaux-Arts et obtint au concours pour la gravure en médailles une mention honorable. Il avait à faire, outre la médaille, un bas-relief de quatre pieds carrés : *Milon de Crotone dévoré par un lion*. La justesse des proportions, la finesse et l'énergie de la tournure sont déjà frappantes dans ce travail d'écolier. Les artistes de forte race font entrevoir à leur début ce qu'ils seront un jour.

Aux concours de 1819 et de 1820, Barye n'obtint que le second prix. S'apercevant alors que le premier prix est ordinairement acquis à la médiocrité, il déserta les concours, après avoir fait une dernière et inutile tentative pour obtenir les coins de la monnaie du roi Charles X.

Comme on ne pouvait passer sous silence un concurrent tel que lui sans scandaliser le public, on lui donnait une récompense secondaire. Aussi n'alla-t-il pas à l'école de Rome aux frais de l'État.

De 1823 à 1828, il se mit à travailler pour vivre avec l'ardeur d'un homme qui travaille pour la gloire. Sa conscience répugne aux moyens expéditifs; aucun ouvrage relâché n'est sorti de sa main toujours guidée par l'amour de la perfection. Il faisait de très-beaux modèles de bijoux. L'orfèvre Fauconnier s'en disait l'auteur.

Cet industriel passait ainsi pour un habile artiste et faisait fortune sous la protection de Mme la duchesse de Berry. Il avait dans sa maison de la rue du Bac des cachettes pour chacun des jeunes gens qui travaillaient en son nom : l'ornemaniste Vechte, alors simple ouvrier ciseleur, maintenant sculpteur célèbre et chèrement payé par les joailliers anglais, était perché au galetas; le nommé Plantard modelait des ornements dans la cave, et le rapin Garraud, qui devait plus tard faire fortune dans les îles avec ses portraits, dessinait au deuxième étage. Barye demeurait tout près de là avec sa famille, dans le passage Sainte-Marie, un coin de Paris tranquille comme une rue de village. Fauconnier avait l'habitude d'interroger en secret, et d'un air savant, chacun de ses auxiliaires sur le travail de son confrère. Barye ne disait rien. Un client fit un beau jour involontairement un malheur en prêtant à Fauconnier le *Traité de l'Orfévrerie* de Benvenuto Cellini. L'orfèvre de la rue du Bac lut le livre avec avidité. Les observations et les procédés du maître florentin sur un art que lui, l'impertinent, professait si avantageusement sans le comprendre, le jetèrent de surprise en surprise et troublèrent sa tête. Il mourut peu de temps après.

Barye avait beaucoup étudié la fonte des métaux, et si M. Rothschild, qui voulait dès lors lui demander un magnifique surtout de table en argent, eût persisté dans cette intention, Barye, prenant à son compte des ateliers, fût devenu pour la vie un simple joaillier. Les mécomptes nous servent.

Il réservait sur ses journées le plus de temps possible au dessin, à la statuaire et à la peinture. Il a fait d'excellentes copies d'après les maîtres, et très-bien peint à la manière des Vénitiens le portrait des deux filles que depuis il a eu le malheur de perdre. Notre sculpteur est, chose rare, un parfait juge en peinture.

Ses goûts sont au reste ceux d'un peintre. Il aime à courir la campagne dans ses jours de loisir et il a fait à l'ombre des chênes, au milieu des rochers et au bord des mares de Fontainebleau, des *études* (1) qui charmeraient les meilleurs paysagistes. Au lieu de perdre son temps à filer des commérages et à parler politique aux amis qui se font un plaisir de l'accompagner dans ses excursions, il tire de tout ce qu'il voit des réflexions sur l'art et sur la nature. Il observe les plus vivants quartiers de Paris avec une insatiable curio-

(1) Voir *Appendice II.*

sité. Dans une attitude en apparence impassible, mais réellement passionnée, il interroge de l'œil et de l'esprit tous les types, tous les spectacles : il passe des heures à voir tournoyer les valses renversantes des bastringues, à croquer la forme apocalyptique des rosses si vite dépecées par les carriers de Montfaucon, à saisir les caprices pittoresques du marché aux chiens et aux chevaux et à suivre les flots agités des fêtes publiques. Il apprend toujours quelque chose, de la place Maubert à la chaussée des Poissonniers, de l'île Saint-Louis au Jardin des Plantes et à la colonne de la Bastille, où son Lion de bronze semble garder en rugissant la dépouille des victimes de trois Révolutions.

A force de curiosité, l'artiste est devenu un physionomiste redoutable : il flaire de loin les coquins et les charlatans; mais on abuse de son désintéressement, de son apathie pour les affaires. Il est atteint en cela de l'infirmité commune aux grands hommes.

Ses connaissances en anatomie sont très-profondes : il a scalpé de longues années dans les amphithéâtres et comparé mille et mille fois pièce à pièce le corps de l'homme à celui de tous les êtres de la Création. Il pourrait ajouter des traits à l'histoire de la science. Ces qualités ont pourtant tourné à son détriment et désolé sa laborieuse existence : comme il n'a dans le présent, ni dans la tradition, aucun rival pour la sculpture des animaux, on lui a contesté sa supériorité dans l'expression de la figure humaine. Elle est si évidente, cette supériorité, dans ses statuettes de femmes : les *Trois Grâces*, *Angélique*, l'*Amazone;* dans ses groupes équestres : *Charles VI*, *Gaston de Foix*, le *Général Bonaparte;* dans ses sujets de chasse, où la beauté des hommes, comme dans les peintures de Rubens, rivalise avec celle des bêtes; et surtout dans ses compositions le *Minotaure et Thésée*, le *Centaure et le Lapithe*, où l'emportement de Michel-Ange semble se mêler à la noblesse de Phidias.

Cette manœuvre grossièrement perfide, employée par

des confrères qui voulaient se défaire sans lutte d'un rival dangereux, a longtemps privé la France du concours de l'illustre statuaire. « Barye, disaient-ils, n'excelle que par ses animaux. » Et comme il n'est pas possible de peupler les rues, les monuments civils et religieux d'éléphants, de lions, de tigres et de léopards, on ne lui donne pas de travaux à faire !

« Mes confrères, me disait un jour le sculpteur, en me reléguant chez les bêtes se sont mis au-dessous d'elles. »

L'artiste, je le répète, connaît tout aussi bien l'homme que les animaux. Il ne s'est pas non plus borné à décomposer et à recomposer les lois de la forme vivante, d'une extrémité à l'autre de la chaîne des êtres, pour n'en tirer que des effets de musculature, des tours de force purement plastiques. Étendant ses recherches des limites de l'animalité à l'infini du monde spirituel, il a surpris cet esprit innommé qui dirige les bêtes et comparé en philosophe et en moraliste les tristes égarements de la raison de l'homme à l'infaillible instinct de *ses frères inférieurs*.

Les animaux prennent dans l'imagination de Delacroix des tournures décoratives et même fantastiques; dans l'esprit rigoureux de Barye, ils demeurent tels que la Nature les a faits. Le sculpteur les prend d'abord, comme le grand peintre, dans leurs plus belles attitudes, dans leurs expressions les plus frappantes et les croque sommairement; il ne manque pas un détail : les insertions de la musculature, les plis de la peau, les directions du pelage, la palpitation des flancs, le reniflement des naseaux. C'est sans exagération et sans petitesse qu'il nous fait sentir tour à tour la majesté, la force, l'élégance, la ruse, l'audace, la cruauté, l'intelligence, la douceur et la mélancolie des animaux.

Si l'on était porté à croire, après avoir examiné la correction des bronzes de l'artiste, qu'il a trop refréné l'imagination au profit de l'exactitude, il faudrait voir ses aquarelles : il y dispose les hommes et les bêtes dans des paysages parfaitement assortis à leur caractère : les cerfs s'élancent d'escarpement en escarpement ou font le guet dans des solitudes pleines d'échos qui les avertissent et d'issues qui peuvent les sauver; les lions chassent les troupeaux et les bergers de l'Atlas, rugissant et battant l'air de leurs queues, ou s'endorment repus, le mufle allongé sur leurs griffes sanglantes; les panthères de Java poussent des miaulements de chattes enrouées, à travers les jungles. Sentiment du sujet et du lieu, fermeté du dessin, harmonie de la couleur, étendue des horizons, rien n'y manque; et le trait le plus saillant de ces ouvrages que l'artiste n'a jamais montrés au public, c'est la poésie sauvage du désert.

Il ne suffit pas de louer l'homme et l'artiste, il faut dire quels sont ses procédés.

Barye a comparé entre elles les longueurs et les épaisseurs de structure des chefs-d'œuvre de toutes les époques de la statuaire; il ne s'est aveuglément réglé sur aucun des modèles invariablement suivis par nos singes archéologues. Sans rien sacrifier de son admiration pour d'immortels devanciers, c'est toujours dans la nature elle-même qu'il a voulu prendre les proportions, les mouvements, la physionomie de ses figures; aussi son œuvre est-il marqué d'un triple cachet d'originalité, de science et de conscience.

Absolument sûr de lui-même, il pourrait dicter de mémoire ses compositions. Un enfant qui ferait passer son crayon d'un point à l'autre des longueurs ou des écartements mesurés par l'artiste ferait un irréprochable dessin, abstraction faite bien entendu de la fougue, de la tournure et du caractère, beautés qu'il n'est donné à personne d'exprimer par délégation. Ce savoir presque mathématique, au lieu de refroidir les ouvrages de Barye, en augmente la justesse et la solidité.

Il s'applique d'abord à bien établir ce qu'on appelle en statuaire l'*armature* : les sculpteurs ont généralement le tort d'immobiliser les fils de fer autour desquels ils font tenir leur maquette. S'ils viennent à s'aviser un peu tard de quelque faute de longueur ou d'écartement, le mal est sans remède. Barye fait de son armature une sorte de squelette composé de fils de fers toujours mobiles, rapproche ou éloigne à volonté ces fils en modelant, demeure ainsi le maître de son œuvre du commencement à la fin, et, s'il s'aperçoit que sa figure pèche en certain endroit contre les lois de la statique ou de l'anatomie, rien ne s'oppose à ses corrections. Voyez aussi comme ses groupes sont tournés, mis en perspective et d'aplomb, de quelque côté qu'on les examine. Je n'ai pas à parler du style ; s'ils étaient en marbre et portaient la trace des injures du temps, on les dirait détachés du Parthénon. Barye n'a pourtant pas imité les Grecs; mais la nature le fit Athénien.

A l'amour du beau, à la parfaite connaissance de ses lois, Barye joint toutes les qualités du praticien. C'est un maître homme pour la fonte des métaux, le choix et la coupe des marbres et des pierres, le moulage des statues.

Un mot en passant sur ces parties :

De la fonte. — Il faudrait, à une nation qui aime et comprend les arts, d'assez vastes ateliers pour l'exécution de statues colossales; les ateliers des industriels ne suffisent pas. La commune de Paris avait une superbe fonderie dans le faubourg du Roule; mais, en 1849, le conseil municipal, qui comptait un fondeur parmi ses membres, crut nécessaire de sacrifier un établissement public à l'intérêt particulier.

Depuis les maîtres florentins jusqu'à Lemot, l'auteur de la statue équestre qui décore le pont Neuf, le sculpteur était sinon habile à fondre les métaux, du moins capable de surveiller les opérations de la fonte. Benvenuto travaillait comme un démon à sa fournaise, et ses *Mémoires* (1)

(1) Voir ces *Mémoires* de Benvenuto Cellini (Crès et Cie, éd.) dans cette même *Bibliothèque dionysienne*.

prouvent ses connaissances pratiques, ses tourments et son intrépidité. Ce fut un mouleur italien attaché à l'administration du Louvre qui surveilla le *Henri IV* de Lemot et le fit fondre à la manière florentine, c'est-à-dire d'un seul jet, à cire perdue. C'est à l'exemple de Benvenuto Cellini que Barye a fait exécuter, je l'ai dit, un des lions du jardin des Tuileries. Le procédé de nos industriels à bon marché consiste à mettre un grand ouvrage dans la fournaise par pièces qu'il faut ensuite limer, marteler, réunir au moyen de clous en cuivre, de pas de vis et d'écrous. Le *Louis XIV* à cheval de Bosio a été coulé suivant ce détestable procédé moderne. Le jour où la rouille aura rongé la barre de fer engagée dans la queue du cheval cabré, Louis XIV tombera la tête la première sur le pavé boueux de la place des Victoires.

DES MARBRES ET DE LA PIERRE. — Il va sans dire que l'artiste sait à merveille approprier ses matériaux aux caractères divers de la sculpture : le marbre d'Italie dont la transparence, si belle sous un ciel éclatant, s'obscurcit et s'attriste sous nos climats brumeux; le marbre des Pyrénées dont le premier choix n'est pas sans rapports avec le Paros si cassant, et dont la seconde qualité d'un ton grisâtre se prêterait à quelques figures sévères, mais qui émousse et refoule le ciseau par son excessive dureté; enfin la pierre de Charens, molle et facile, qui durcit avec le temps.

DU MOULAGE EN PLATRE. — Barye fut nommé, en 1848, par M. Ledru-Rollin, conservateur de la galerie des plâtres et directeur du moulage au Musée du Louvre, entreprise qui fournit des *épreuves* aux amateurs, aux artistes, à toutes les écoles de l'Europe. C'était d'abord un commerçant, associé à l'administration du Musée, qui faisait seul, et dans son propre intérêt s'entend, le choix des sujets à mouler et à vendre. Les moules étant à sa charge, il les renouvelait le plus rarement possible, et la qualité des *épreuves* se ressentait de cette économie. Détestable privilége d'un traitant qui faussait les chefs-d'œuvre pour s'enrichir. Barye disposa sur des selles tournantes, accessibles de tous côtés, les meilleurs plâtres qui se trouvaient empilés sans ordre, fit un choix des statues à reproduire, commanda de nouveaux creux et s'entoura de parfaits ouvriers. Personne mieux que lui n'était à même d'empêcher les taches d'huile sur le marbre, l'altération de la patine du bronze, les éclats que le gonflement du plâtre provoque en certaines parties des statues, les vices de forme que les mauvais opérateurs cherchent après coup à faire disparaître en passant du papier de verre sur leurs épreuves manquées, dont ils infectent les ateliers et les écoles. Mais Barye eut bientôt à quitter le Louvre, qui n'aura jamais un conservateur plus intelligent pour les grandes choses et plus soigneux pour les petites.

J'ai essayé de faire connaître ses éminentes facultés. Riche, ou seulement protégé par l'État, il eût fait sans obstacles en grandes proportions tout ce que pauvre, abandonné, et pour ainsi dire proscrit, il a fait de petite taille : bustes, médaillons, statues en pied, statues équestres, chasses, trophées, bas-reliefs historiques; il eût tiré de la nature, pour éviter les plagiats de l'architecture moderne, de vivants et magnifiques ornements, plantes et fleurs, rehaussé la majesté des parcs et des jardins publics par des groupes d'animaux en pierre ou en bronze d'un aspect monumental que n'auraient pas dévorés les horizons des ronds-points et la vastitude des avenues.

Un gouvernement ami des arts, éclairé sur la valeur du statuaire, l'eût attaché à l'enseignement. N'étant pas homme à suivre la manière de ces pédants qui commencent par étouffer l'originalité de l'élève, il eût respecté son tempérament et fortifié ses aptitudes spéciales à la manière des vieux maîtres du XVIe siècle.

Impossible, en racontant la vie de cet illustre statuaire, d'établir un commencement, un milieu, une fin. Homme mûr et fort dès la jeunesse, n'est-il pas encore jeune? Son talent, qui se révéla si bien à l'Exposition de 1829 par deux bustes d'une finesse restée célèbre dans la mémoire des artistes et des connaisseurs, n'a pas changé, sauf l'intensité d'énergie que lui donne l'expérience. Voyez *Thésée et le Minotaure*, le *Centaure et le Lapithe* et les quatre groupes qui décorent les nouveaux pavillons du Louvre, figures admirables, mais contrariées par les fastueux ornements qui les environnent et les écrasent.

Barye seul était capable de réparer dans la cour du palais l'échec de M. Clésinger et de remplacer par un noble cavalier ce François Ier en goguette, mis en selle comme une fourche sur sa monture qui s'abat. Barye, qui a montré tant de noblesse et d'élégance dans les statuettes de *Gaston de Foix* et de *Charles VI*, eût dignement compris le héros de Marignan et de Pavie, qui, ruiné par la guerre, conserva pour les arts assez d'enthousiasme pour jeter son argenterie dans les fourneaux de l'infatigable Cellini.

Depuis vingt-six ou vingt-sept ans, Barye n'a envoyé que fort rarement ses ouvrages aux expositions publiques. Sans se montrer ni âpre ni agissant, il n'a jamais refusé son concours à tous les sages projets d'affranchissement tentés par les artistes, n'espérant rien pour lui-même. A l'époque où tant de médiocres gens criaient contre l'Académie, pour devenir des académiciens, Barye ne voulait, lui, que la destruction des abus académiques.

J'ai parlé trop longuement peut-être de cet homme dont l'existence attristée tiendrait en trois mots : intelligence, travail, fierté.

DECAMPS [1]

Je ne suis ni le parasite ni l'ennemi de nos gloires, ni l'esclave du lecteur. Aussi respectueux envers la loi sociale qu'envers mes propres pensées, je ne fais ni pamphlets ni panégyriques; j'écris dans toute la sincérité de mon âme l'histoire des artistes vivants comme s'ils étaient morts. Mes jugements ne flatteront ni ne blesseront sans doute ces hommes célèbres, leurs propres sentiments ayant à leurs yeux, par une vanité bien naturelle, plus de prix que n'en auront les miens, et, d'ailleurs, comme je n'ai été élevé ni à l'école des diplomates ni à celle des courtisans, je dis ce que je pense, et je pense ce que je dis.

J'ai la plus profonde vénération pour les maîtres de l'art, quand je songe surtout aux misères fatales mêlées aux grandeurs de leur vie et que je vois les favoris de la mode mesurer aujourd'hui leurs mièvreries prétentieuses à la puissante et immuable beauté de leurs chefs-d'œuvre. Lorsque je contemple, accrochées au chevet de mon lit, des estampes de quatre sous, les *Évangélistes* d'Albert Durer par exemble, mon imagination exaltée par ces figures expressives les poursuit jusqu'aux derniers confins de leurs rêves mystiques, et ensuite, hélas ! les Apôtres frisés de M. Ingres me semblent de

(1) Mort en août 1860. Cette notice a été écrite de son vivant. (N. de Th. S..)

pauvres idiots moulés en cire pour représenter la Passion de Jésus-Christ au carré Marigny et à la foire de Saint-Cloud.

Je n'échangerais pas contre les tableaux si chèrement payés de MM. Ary Scheffer et Delaroche le plus petit morceau gravé de la *Mélancolie*, qui contemple de ses yeux profonds et tristes le spectre du dégoût secouant ses ailes de chauve-souris sur la ligne de l'horizon où le ciel et la mer se confondent dans l'Infini, aux derniers rayons de soleil couchant. Les plâtres des géants de Michel-Ange, vus à travers les lueurs de mon foyer qui s'éteint, me semblent projeter l'escalade du ciel, et la *Nuit*, endormie au milieu de mes livres, couvre à mes yeux de honte les Phrynés, les Bacchantes de Pradier, par ses formes grandioses, et me dégoûte à jamais de nos amours étiques et violentes par le calme souverain de sa beauté. Dans un ordre bien différent, les ascètes qui méditent et prient sous les porches gothiques ou dans les cadres primitifs m'émeuvent également par leurs expressions radieuses; mais certains ouvrages de nos jours, remplis d'artifices pratiques au détriment de la pensée et des élans du cœur, me laissent insensible et glacé. N'allez donc pas craindre que je compare, comme tant de critiques aimables l'ont fait si souvent avant moi, la *Patrouille turque* de M. Decamps à la *Ronde des bourgeois armés d'Amsterdam*, qui s'avance tumultueusement au bruit du tambour à travers les ténèbres magiques de Rembrandt. Un tel rapprochement serait injurieux pour les deux maîtres à la fois, et comme j'ai confiance en la modestie de l'artiste français, j'espère qu'il me permettra même de placer sa *Défaite des Cimbres* au-dessous de la bataille de Salvador Rosa, qui épuise sa dernière violence dans la longue galerie du Louvre. Il y a des degrés en tout (1).

M. Decamps a écrit sa propre histoire dans une lettre à

(1) *Cour d'assises de Rouen*, 1845. — « M. le Président à M. Alexandre Dumas, témoin : Votre profession? — Réponse : Je dirais poëte dramatique, si je n'étais dans la patrie de Corneille. — Le président : Monsieur, *il y a des degrés en tout.* »

M. Véron, qui l'a publiée dans un volume de ses *Mémoires de bourgeois.* Voilà deux hommes qui certes ne trouveront pas mauvais que je me permette de toucher aux vivants. Il est de ma loyauté de déposer pour un instant la plume pour laisser à M. Decamps le privilège qui lui est dû de parler le premier au lecteur :

« Au Veyrier, le 20 octobre 1854.

« En vérité, monsieur, ce n'est pas sans quelque embarras que j'entreprends de satisfaire le désir, tant de fois manifesté, d'obtenir de moi, et sur mon intéressante personne, quelques renseignements biographiques. — Une heure ou deux d'entretien, en me procurant l'honneur et l'avantage de votre connaissance, m'eussent de beaucoup paru préférables. — Je vais tâcher de suppléer en quelques lignes à cet avantage qui m'est refusé.

« Malgré la répugnance que j'éprouve à parler de moi, je ne crois pas devoir hésiter plus longtemps à suivre l'exemple que m'ont donné tant de grands hommes, mes contemporains, qui n'ont pas craint d'écorner largement l'œuvre de l'avenir, qui ne prendra certes pas, j'en suis certain, et pour beaucoup d'entre eux, le procédé en bonne part. — Quant à la partie critique qui, je n'en doute pas, doit accompagner la biographie, je m'en remets à votre discrétion, certain, monsieur, que vous avez de moi une aussi bonne opinion que moi-même; ce dont, au reste, vous avez donné des preuves argent comptant, preuves qui ne se récusent pas de nos jours. — Après ce préambule, sans doute inutile, j'entre en matière.

« Decamps (Alexandre-Gabriel) naquit le troisième jour du troisième mois de la troisième année de ce siècle, c'est-à-dire le 3 mars 1803, et, j'ai honte de le dire, aucun autre prodige ne signala sa naissance. — Présenté à la municipalité le jour même, le petit Decamps fut accusé tout d'une voix (vu le volume exorbitant de sa personne) d'avoir enfreint je ne sais quelle loi ou ordonnance, qui enjoint aux parents d'avoir à faire inscrire les nouveau-nés dans un délai prescrit.

« Je paraissais déjà vieux vraisemblablement (je puis bien, ce me semble, employer par-ci par-là la première personne). Tant il y a que j'étais excessivement volumineux pour mon âge; ce qui ne m'a pas empêché d'être depuis assez chétif et souffreteux. — Faites, après cela, des conjectures sur les dispositions précoces.

« Ce qui eut cours en mes premières années sont choses communes à tous. L'enfant montra d'abord d'assez mauvaises dispositions : il était violent et brutal, bousculant ses frères; l'on en n'augurait rien de bon. Il atteignit ainsi l'âge où son père (homme de sens pourtant) jugea à propos d'envoyer ses enfants au fond d'une vallée presque déserte de la Picardie, pour leur faire connaître de bonne heure, disait-il, la dure vie des champs.

« Je ne sais ce que mes frères y apprirent. Quant à moi, j'oubliai bientôt et mes parents et Paris, et ce que notre bonne mère avait pris tant de soin de nous montrer de lecture et d'écriture. Je devins, en revanche, habile à dénicher les nids, ardent à dérober les pommes. Je mis la persistance la plus opiniâtre à faire l'école buissonnière. — car il y avait une école en ce pays-là, — et si le magister a rarement vu ma figure, il n'en saurait dire autant de mes talons. J'errais alors à l'aventure, parcourant les bois, barbotant dans les mares. C'est là, sans doute, que j'aurai contracté ce grain de sauvagerie qu'on m'a tant reproché depuis, et dont le frottement civilisateur auquel les hommes aujourd'hui bon gré mal gré sont soumis n'a pu me dépouiller totalement. — Je ne prendrais pas la peine de coucher sur le papier de pareilles puérilités, si je ne savais de reste combien les moindres particularités intéressent dans la vie des hommes *célèbres*. — Je reviens à mon sujet. — Ayant vu faire à de petits paysans d'informes figures en craie, j'en taillais moi-même volontiers; mais, dans ces ouvrages, le croirait-on ? je me soumis aux règles reçues. Le génie ne se révéla pas : l'esprit d'innovation ne m'avait pas encore apparemment soufflé son venin.

« Après trois années environ de cet apprentissage rustique, roussi par le soleil, suffisamment aguerri à aller nu-tête et parlant un patois inintelligible, je fus ramené à Paris dont je n'avais plus nulle idée. J'y fis longtemps la figure que fait un petit renard attaché par le col au pied d'un meuble.

« Ma pauvre mère, à qui ce mode d'éducation déplaisait horriblement, parvint enfin à m'apprivoiser et décrasser un peu, et je fus livré à l'inexorable latin. — Durant des années, les bois, les *larrils*, les *courtils* (1), me revinrent en mémoire avec un charme inexprimable; parfois, les larmes m'en venaient au yeux.

« Peu à peu le goût du barbouillage s'empara de moi et ne m'a plus quitté depuis.

« A la pension, je me liai d'amitié avec un camarade gentil d'esprit et doué d'heureuses dispositions (Philibert Boichot, mort tout jeune); et, dès que je le pus faire, j'entrai comme élève chez son père, qui était peintre. M. Boichot me donna quelques bons avis; je lui dois des observations utiles; j'appris chez lui un peu de géométrie, d'architecture et de perspective. Je le quittai néanmoins, et fus reçu dans l'atelier de M. Abel de Pujol, que son bon tableau du *Martyre de saint Étienne* venait de placer au rang de nos meilleurs peintres. — Je travaillai volontiers dans les commencements. Malheureusement, le maître, bon et indulgent, absorbé d'ailleurs par ses travaux, était peu propre à me faire comprendre l'utilité, l'importance même des études dont je n'apercevais guère que la monotonie. Le dégoût me vint, et je quittai l'atelier.— J'essayai chez moi quelques petits tableaux : on me les acheta, et dès lors mon éducation de peintre fut manquée. Toutefois, je dus beaucoup à un amateur né avec une imagination et une

(1) *Larrils, courtils,* mots patois : *friches, herbages.*

ardeur d'artiste. M. le baron d'Yvry, par ses bons avis et sa verve chaleureuse, me tira plus d'une fois de l'apathie et du dégoût ou plutôt du découragement où je tombais de temps en temps; depuis mon début jusqu'à sa mort, cet homme aimable et distingué m'honora de sa bienveillante amitié.

« J'ai fait successivement plusieurs voyages, en Suisse d'abord, puis dans le midi de la France, plus tard dans le Levant, et en dernier lieu en Italie; mais le midi de la France conserva toujours sa bonne part dans ma prédilection. — Je tâtai divers genres, marchant à tâtons, chancelant, trébuchant aux ornières et aspérités du chemin, m'accrochant aux ronces et buissons qui le bordent; sans direction, sans théorie, semblable enfin à un navigateur sans boussole, et m'épuisant quelquefois à poursuivre l'impossible. — Sorti par ricochet de l'école de David, je me trouvai nu et désarmé; car, malgré les puissantes et incontestables facultés de ce peintre, l'absence de toute observation sérieuse, le mépris et l'oubli de toute tradition fermaient l'avenir à ses errements : — « Voyez la nature ! voyez l'antique ! » Formule de l'enseignement d'alors, que le moindre examen réduit presque aux proportions d'une niaiserie. S'il ne s'agit que d'ouvrir les yeux, le premier rustre le peut faire; les chiens aussi voient. L'œil, sans doute, est l'alambic dont le cerveau est le récipient; mais il faut savoir s'en servir : nul n'est chimiste pour posséder des cornues, il faut apprendre à voir ! Là est la théorie, là est aussi le titre glorieux de M. Ingres à l'admiration et à la reconnaissance des vrais artistes : il a bien vu et montré ce qu'il est important de voir. Son enseignement est tellement et si rigoureusement vrai, que les organisations les plus disparates y doivent trouver leur compte. Son principe est si radicalement fondamental et générateur, qu'on l'a vu poindre successivement dans les œuvres de ses plus violents détracteurs. Tant il est certain que toute vérité surnage ! — J'ai toujours amèrement regretté de n'avoir pu, en temps convenable, profiter de ses précieuses leçons. Je compris et devinai presque la puissance de son moyen ; mais il était trop tard déjà, et mes yeux à peine ouverts à la lumière... le mal affreux sous lequel je succombe m'est venu terrasser.

« Dans l'enseignement, toute théorie a une valeur si elle émane d'un esprit juste : c'est le bâton de l'aveugle. L'absence de tout principe est seule un mal. Chaque maître part d'un point théorique, et Rembrandt fut peut-être le seul artiste qui sut formuler du premier coup sa théorie et sa pratique sans aucun appris : aussi, pour n'en être pas le plus grand, doit-il être considéré comme le plus extraordinaire des peintres.

« En voilà bien long. — Toutes ces choses sont dans la tête de tout véritable artiste, et je me demande quelle nécessité d'écrire tout cela. Mais il faut bien remplir mon papier. Et que font les autres hommes, sinon dire et redire ce que d'autres hommes ont dit avant eux ? Ces digressions m'ont éloigné de mon sujet : j'y reviens donc.

« J'essayai divers genres. Lorsque j'exposai cette grande esquisse de la *Défaite des Cimbres*, que je donnai conjointement avec un *Corps de garde turc*, je pensai fournir là un aperçu de ce que je pouvais concevoir ou faire. Quelques-uns, le petit nombre, la parcelle, approuvèrent fort ; mais la multitude, l'immense majorité qui fait la loi, n'y put voir qu'un gâchis, un hachis, suivant l'expression d'un peintre alors célèbre et que la France aujourd'hui regrette, à ce que j'ai su quelque part.

« Quant à la critique imprimée (je parle de celle qui se lit), celle-là m'a toujours traité en enfant gâté, et, sur ma vie, je suis encore à deviner pourquoi j'ai été plus ménagé que tel qui me vaut bien. C'est au point que, dans l'opinion de beaucoup, je passe pour vivre avec elle (la critique) illicitement peut-être. Je me souviens même d'une gravure ou lithographie, dont l'auteur me représente serrant avec effusion les mains d'un écrivain, critique célèbre, que je n'ai malheureusement vu et connu pour la première fois que l'an passé. A dire vrai, je suis peu sensible aux comptes rendus, abstraction faite bien entendu des éloges, desquels, comme tous mes confrères, naturellement, je demeure insatiablement affamé.

« Je ne crois pas devoir taire une particularité qui fut pour les dix-neuf vingtièmes dans ma célébrité *justement méritée*. La manie des animaux, qui m'a possédé et me tient encore un peu, celle des chiens surtout et des singes en particulier, m'a poussé à fabriquer des tableaux, dont ces intéressants animaux font les personnages. — Ces petits chefs-d'œuvre, reproduits, — non, — mais traduits, ou plutôt interprétés par la gravure, m'ayant d'abord mis à ma place, serviront un jour à donner à la postérité la plus reculée l'idée la moins exagérée de ma capacité et de mon savoir-faire. Tant il y a que je suis le peintre des singes, et bien connu pour tel; ce qui sent un peu sa popularité et ne saurait se trop payer. J'en fais pourtant encore de temps à autre. — Je n'entrerai certainement pas dans le détail de mes productions, nomenclature insipide pour moi, inutile aux autres; d'ailleurs les catalogues sont là. Je vous ai parlé des *Cimbres* parce que ce sujet est caractéristique de la voie que je comptais suivre; mais le peu d'encouragement que je trouvai d'abord, le caprice, le désir de plaire à tous, que sais-je encore? m'en ont plus ou moins détourné. — Je demeurai claquemuré dans mon atelier, puisque nul ne prenait l'initiative de m'en ouvrir les portes; et, malgré ma répugnance primitive, je fus condamné au tableau de chevalet à perpétuité. Je vis avec chagrin tous mes confrères chargés successivement de quelque travail sur place. Là était mon lot, là était mon aptitude : pour moi, un tableau à l'effet était un tableau fait; un tableau de chevalet ne l'est jamais. Et pourtant je forçai ma nature. Sans doute, les chétives productions qu'enfantait mon génie étaient peu propres à donner de mon imagination une idée bien relevée. Je le sentais, et je donnai le jour en diverses fois à de grands dessins et compositions; mais ce fut en vain. — On me demanda un tableau de chevalet, alors que j'en avais par-dessus la tête. Je l'entrepris néanmoins, mais avec amertume, et j'allais, après un long laps de temps, y mettre la dernière main, lorsque le mal affreux sous lequel je succombe vint anéantir mes espérances.

« J'exposai, il y a une dizaine d'années, une série de dessins vivement exécutés et par des procédés divers *(Histoire de Samson)*. — J'espérais démontrer que j'étais susceptible de développements. Ces compositions, très-diversifiées de contextures et d'effets, présentaient cependant un ensemble homogène dans sa variété; difficulté vaincue qui passa parfaitement inaperçue. Les dessins furent fort loués sans doute, au delà même de leur mérite certainement; un amateur distingué me les acheta généreusement; mais ni l'État ni aucun de nos Mécènes opulents n'eurent l'idée de me demander un travail de ce genre. Et pourtant l'esprit d'invention ne me manquait pas, et j'aurais autrefois tiré parti de l'idée la plus saugrenue si l'on m'eût accordé une salle quelconque. Ce que j'eusse produit eût été fort attaquable, j'en conviens; mais enfin, organisé d'une manière particulière, ce que j'eusse produit fût un peu sorti de ce système de plafonnage usité. Cela méritait pourtant qu'on y songeât; mais bah! avec la prétention de marcher à la tête de tout progrès, nous sommes peut-être le peuple le plus routinier de la terre.

« Sans me mettre au niveau de cet excellent artiste, j'eus le sort de Barye (1). Ce génie piquant et original, aux aptitudes et études spéciales, qui eût décoré nos places de monuments uniques dans le monde, se trouve trop heureux de pouvoir formuler ses idées dans les maigres proportions d'un *surtout* d'un usage impossible; et finalement, il est triste de constater qu'un talent qui, seul peut-être, eût pu doter son pays d'un monument vraiment original, se vit réduit à la fabrication de serre-papiers. — Quant à moi, j'ai la conviction que la nécessité où je me suis trouvé de ne produire que des

(1) Voir *Appendice II*.

tableaux de chevalet m'a totalement détourné de ma voie naturelle. — « Nous n'avons rien fait pour vous, — me disait « naïvement, en 1893, un directeur alors fort influent, — « parce que, le public aimant, appréciant vos ouvrages, vous « n'aviez nul besoin de nous. » Après une pareille déclaration, que faire, sinon prendre son chapeau, saluer et disparaître? — C'est ce que j'ai fait. — Le mot de l'énigme est qu'il fallait demander, solliciter, se faire appuyer : toutes manœuvres pour lesquelles je n'avais nulle aptitude; non par orgueil, comme on pourrait le supposer, mais par une sorte de honte et de répugnance tout à fait insurmontables.

« La seule particularité que je puisse citer, qui me soit personnelle, c'est de n'avoir jamais (dans l'acception la plus rigoureuse de ce mot) copié un pouce carré de peinture quelconque, non de parti pris, mais par suite d'un vague instinct de répulsion tout à fait incompréhensible; car j'aimais la peinture par-dessus toute chose, et je me reprochais souvent cette lacune de mes études.

« J'ai toujours pris le plus grand plaisir à considérer toute peinture, et celle-là devait être bien mauvaise où je ne trouvais pas quelque chose qui me plût. — Cette passion des tableaux me donna seule le goût du travail; car, monsieur, je suis né paresseux, et il m'a fallu, je vous le jure, le désir bien grand de vous obliger pour m'en avoir fait écrire aussi long. — Je n'ai d'ailleurs jamais rien tant redouté qu'une plume : cela se fait bien voir à la manière chancelante dont je m'en sers.

« Agréez, monsieur, l'assurance de ma considération distinguée.

« DECAMPS. »

« 15 novembre 1854. »

Pour expliquer exactement la vie et l'œuvre de M. Decamps, il est nécessaire de jeter un coup d'œil sur l'agitation de l'école française vers la fin de la Restauration. L'Académie des Beaux-Arts, menacée dans ses routines et ses privilèges pédagogiques par l'insurrection d'une nouvelle génération d'artistes, dirigeait particulièrement ses coups sur M. Eugène Delacroix, son jeune chef, son drapeau vivant, pour mettre ses rangs en déroute. Les romantiques les moins enthousiastes, ceux-là même qui avaient des objections sérieuses à faire à l'auteur du *Massacre de Scio* et de la *Mort de Sardanapale* exaltaient son génie avec la plus grande violence en voyant que l'Académie le poursuivait entre tous de ses haines et de ses outrages. On ne parlait que de lui dans les deux camps et dans le public : les uns le portaient aux nues, les autres l'auraient jeté dans un cul de basse-fosse. « Je ferais couper les mains à Delacroix pour l'empêcher de peindre, si j'avais assez de pouvoir », disait un personnage éminent et oublié.

Il n'y a point de fumée sans feu et de gloire sans bruit, aussi l'importance actuelle de Delacroix, d'ailleurs si légitime, est-elle plutôt résultée du retentissement de ces débats et du dévouement politique de ses jeunes confrères, qui se défendaient en le défendant, qu'elle n'est venue de l'intelligente admiration de la France; car un pays, au lieu d'applaudir librement à l'œuvre d'un novateur, ne fait guère autre chose que répéter comme un écho les noms qui lui sont imposés à son insu par les manœuvres des partis et les tirades des feuilles publiques.

C'est aussi en ce temps-là, je l'ai dit précédemment, que M. Ingres apparut à l'Académie, qui perdait la tête, comme un libérateur de pis aller. Il était à peu près inconnu, sans génie, retiré en Italie depuis 1802 dans une impuissance pleine d'amertumes, dans une misère avide de soulagements et de compensations, au sein d'un ménage trivial, mais uni et volontaire. Comme ce malheureux artiste n'avait fait en France que de rares, fugitives et stériles apparitions en vingt-deux ans, le discrédit attaché aux ouvrages passés de mode des derniers élèves de David devait épargner ses tableaux, qui, malgré leur médiocrité, se distinguaient par quelques traits d'exécution empruntés des vieux maîtres de Rome et de Florence (1). Son caractère à la fois bourru, cassant, insidieux et obstiné sembla de l'énergie, et l'Institut, à bout d'expédients, en vint à se dire : « Voilà le gendarme envoyé par la Providence pour défendre contre les efforts de l'émeute la porte à demi forcée de notre sanctuaire. » Il était temps; M. Ingres complotait déjà dans les rangs ennemis.

La jeunesse, généreuse dans ses illusions, imprudente dans ses colères, aveugle dans ses dévouements, prenait aussi pour argent comptant les avances de M. Ingres, qui la priait de lui faire la courte échelle en simulant les idées romantiques et le mépris des tyrannies officielles. Heureuse du nouveau prétexte de faire pièce aux académiciens, cette jeunesse les hélait ainsi : « Faites les bons tableaux de M. Ingres, nous applaudirons ! » Surprise comme une prude dans les ténèbres, l'Académie reçut dans ses bras le médiateur sournois qui lui semblait conjurer pour le moment les périls de la situation.

Cependant deux artistes, actifs et avisés, qui différaient également l'un de l'autre par leurs ouvrages, MM. Delaroche(2) et Decamps, prirent deux places de doublures entre MM. Ingres et Delacroix dont les renommées avaient grandi et tant grandi aux deux extrémités que l'école française par ces discussions fièvreuses. Je m'en tiendrai dans cette *Étude* à M. Decamps.

Outre les questions agitées contre l'Académie touchant le style, le choix du sujet et la liberté de l'impression, restait

(1) Une certaine manière suave d'étendre la couleur et d'établir sur la toile l'égalité de l'empâtement, à l'exemple de Raphaël et d'André del Sarte. Mais un homme sans élévation d'esprit, qui voudrait être comparé à Pascal par ce seul fait qu'il serait parvenu à imiter sa signature et son parafe, nous ferait certainement rire. Voilà le cas où se trouve placé M. Ingres à l'égard des grands maîtres italiens.

(2) Voir *Appendice III*.

à vider le débat relatif aux moyens de l'exécution pure. Les professeurs surannés ne voulaient à aucun prix se départir de leurs recettes invariables dont la plus rigoureuse était, entre autres, celle qui ordonnait au peintre de frotter les ombres et d'empâter les lumières. La palette n'admettait qu'un certain nombre de couleurs rangées par ordre hiérarchiques, la touche avait aussi ses lois inflexibles. Les caprices, les aspirations, les élans du tempérament ne trouvaient pas la moindre échappatoire à cette exécution-type dans laquelle l'artiste était comprimé comme un fou dans sa camisole de force.

M. Decamps, qui avait déserté avant le temps l'éducation du collège et n'avait pas appris grand'chose à l'atelier, comme il le dit lui-même, chercha les expédients et les palliatifs réparateurs : ce n'est pas en modelant des pavés chez M. Boichot, ni en peignant des accessoires chez M. Abel de Pujol qu'il pouvait enthousiasmer Paris. Plus curieux, plus avisé que studieux et réfléchi, plein de tact et de ressources naturelles, actif, énergique, persévérant, juge précoce de son temps, il comprit à quel point il lui était nécessaire de faire voir, n'importe par quel moyen, quelque chose de nouveau à ce public blasé à mort sur les exhibitions courantes. Il rêva d'originalité, d'effets imprévus et résolut de régénérer l'exécution pittoresque par des coups insolites où le hasard jouait le premier rôle. Les artistes, qui réclamaient naïvement la liberté de peindre à leur manière, l'exaltaient bientôt comme un maître original qui venait briser au profit de tout le monde les entraves de la peinture. Pendant que Delacroix, Barye, Sigalon et tant d'autres sauvaient leur esprit de l'oppression pédantesque, Decamps travaillait à l'affranchissement de sa palette. Le jury mit ses tableaux à la porte des Salons d'exposition ; de là grand bruit et grande renommée pour lui.

Pour faire à la sépia, à l'aquarelle, bon nombre de sujets familiers et piquants empruntés de la vie vagabonde des faubourgs, il parcourait les buttes Montmartre et Saint-

Chaumont, les bords du canal de l'Ourcq, buissonnait dans la plaine Saint-Denis, sur les coteaux de Pantin, et flânait à travers le clos Saint-Lazare, autrefois si pittoresque, aujourd'hui tant changé par les nouvelles constructions et la ligne de fer qui passe près du boulevard des Vertus.

Ce clos Saint-Lazare, — si bien nommé par hasard, puisqu'il est devenu, pendant les sinistres et à jamais mémorables journées de 48, l'abattoir des prolétaires, — étendait, il y a quelques années, ses accidents calcaires et ses terrains vagues de la grille Poissonnière à la place La Fayette. Cette vaste et singulière arène était continuellement bariolée de personnages piquants : les célibataires paresseux y venaient promener leurs chiens malades, qui se médicinaient dans les touffes d'herbe; les gamins criards et batailleurs jouaient et se jetaient des pierres; les bohémiens de l'industrie cuvaient au soleil leur vin bleu, les savoyards montraient leur marmotte pour un petit sou et les vielleurs faisaient danser sur une planche les pantins, les polichinelles et les singes couvers de paillettes et de loques de pourpre.

L'artiste s'inspirait de ces bizarreries attirantes; mais il les traitait par le côté le moins naïf, s'attachant à l'étrangeté du costume, à la poésie du haillon, au lieu de poursuivre de toute son âme la vérité des gestes, l'expression des physionomies, le côté le plus touchant des scènes du ruisseau, côté par lequel Ostade, Brauwer, et de nos jours Daumier, ont rendu la pauvre canaille si digne de pitié.

Semblable à la plupart des jeunes gens qui n'avaient pour méthode et pour guide que leur caprice ou leur ambition, Decamps s'efforçait d'imprimer du caractère à ses tableaux et cherchait à s'élever par des expédients à ces hauteurs où l'artiste n'arrive que par le génie et la science. Il touchait d'une manière assez heureuse, quoique mesquine, les choses faciles à rendre, les détails qui frappent les yeux du vulgaire, les chapeaux, les chaussures, le bois, la pierre, la paille, le pelage des animaux. En ce temps d'innovations plus ou moins sérieuses, où tout artiste cherchait à porter un coup décisif à l'enseignement de l'Académie, Decamps crut faire oublier tout de suite les procédés accrédités : il s'inquiétait beaucoup pour ses dessins et pour ses aquarelles de la qualité du papier, de sa nuance, de son grain, de son épaisseur et combinait tous les moyens possibles de l'attaquer afin d'obtenir du relief ou de la transparence ; il avait l'air soucieux d'un alchimiste en choisissant ses crayons et ses pinceaux, en comptant les gouttes d'eau nécessaires à ses lavis ; il ajoutait enfin des mots au vocabulaire technique : *draguer*, c'était traîner le pinceau à peine humecté et chargé de sépia sur le papier ; *estamper* voulait dire presser sur le dessin un morceau d'étoffe ou de dentelle trempé dans la couleur.

Ce raffinement tourmenté ne se voit pas toujours dans des dessins et dans des aquarelles où Decamps n'a pas à faire jouer des couches successives de couleur. Ses premiers tableaux à l'huile, entre autres *Don Quicholte* et *Sancho* (1), semblent même assez simplement faits. L'auteur y est fort loin de ces artifices affectés plus tard dans le *Bazar* et dans le *Boucher turc*. Ajoutons que les tableaux de la jeunesse de l'artiste font bien moins d'effet que ses aquarelles ; car il n'y n'avait pas encore sur la toile l'expérience vite acquise sur le papier. En *draguant* sa feuille de *torchon* ou de *demi-torchon*, en la grattant jusqu'à la crever, en la rapiéçant après comme une culotte de pauvre pour la repeindre, il atteignait un prestige de vigueur et de ressort qui m'a frappé.

Il n'est pas à dire pourtant que les premières toiles de M. Decamps soient à dédaigner : sans doute il y sacrifiait déjà beaucoup trop au métier ; mais il ne s'évertuait pas, comme il l'a fait depuis, à tirer des *ficelles*. Ses chenils, ses Savoyards, ses bûcherons et ses barques de halage avaient beaucoup de caractère. Les reproches qu'on pouvait lui faire quant au choix du sujet manquaient de portée ; les maîtres

(1) Voir *Appendice II*.

flamands et hollandais nous touchent malgré l'humilité de leurs personnages. Les fumeurs, les ivrognes, les chiffonniers, les mendiants de Teniers et d'Ostade vivront dans la mémoire des hommes, tandis que la plupart des compositions, couronnées comme nobles par les Académies, serviront un jour de paravents et moisiront dans les galetas.

La jeune école exaltait l'originalité de M. Decamps, vantait tout à tour son ragoût, sa pâte, sa demi-pâte, la finesse, l'éclat de ses tons, l'esprit, l'énergie de sa touche. Ces excès d'enthousiasme poussèrent l'artiste à exagérer sa manière. Les compliments sont des poisons. Dès lors il fit tentative sur tentative, ce qui ne contribua pas à calmer son humeur irascible. Si dans son enfance il « bousculait ses frères », il devait à cette heure battre le singe qui lui servait de modèle, la pauvre bête !

En abusant d'une note par laquelle Léonard de Vinci recommande au peintre de faire attention à certaines formes étranges qui se trouvent parfois sur les vieux murs, dans le feu ou dans les nuages, M. Decamps se mit à faire toutes sortes de recherches bizarres. Il espérait surpasser par de promptes trouvailles les chefs-d'œuvre longuement médités; il ne crut pas nécessaire d'étudier le modèle vivant : claquemuré dans son atelier, il y attendit des visions. Les ézéchiastes passaient des journées tout nus à se regarder le nombril : à la fin leurs yeux éblouis et lassés s'emplissaient de merveilles. M. Decamps immobile et couché sur un tapis apercevait toutes sortes d'images dans la fumée de sa pipe ou dans les flammes jaunes, rouges et vertes de son foyer.

Des morceaux de sucre accumulés sur le carreau de l'atelier lui semblaient être les rochers de la Provence, qui servent de fond à la *Bataille des Cimbres*, et il disait un jour, avec une curiosité maladive autour d'un vivier herbu de Fontainebleau : « Ah ! si je pouvais passer une heure sur le dos au fond de ce vivier, je tirerais de ce tas d'herbes de magnifiques forêts vierges ! » Mais en exerçant ainsi son imagination à prendre des morceaux de sucre pour des montagnes et des herbages pour des forêts, au lieu de contempler les forêts et les montagnes elles-mêmes, il allait tout au rebours de l'Art et arrivait du petit au médiocre et non pas du grand à l'immense et de l'immense à l'infini.

Voilà comment M. Decamps n'excitait que la partie capricieuse de son génie. En s'émerveillant de ces chimères, il oubliait la vérité; il rêvait au lieu d'étudier; aussi n'a-t-il jamais été sûr ni de sa tête ni de sa main. C'est surtout dans la jeunesse qu'il faudrait dominer à force de travail les difficultés de l'exécution, qui plus tard nous désolent et deviennent insurmontables.

MM. Horace Vernet et Delacroix, deux artistes bien opposés, mais l'un et l'autre très-fertiles, ont eu toute leur vie une plume, un crayon ou un pinceau à la main; ils ont laissé partout des preuves de leur fécondité sur le premier morceau de papier venu et travaillé plutôt encore par goût que par intérêt. Je ne connais guère de dessin de M. Decamps qui ne semble fait pour être vendu : la feuille de papier est choisie, le sujet se trouve bien au milieu, les marges ménagées appellent le cadre doré et le commissaire-priseur.

M. Decamps débutait à peine et déjà les Israélites se disputaient à prix d'or les raclures de sa palette; on sent qu'il a souvent sacrifié l'art au commerce. Aussi reconnaît-il lui-même sa carrière manquée. Voilà ce que c'est que d'avoir été de bonne heure gâté par le succès ! La maturité arrivée, on n'a plus le temps de recommencer des exercices gratuits, et il faut soutenir sa gloire quand même.

Après avoir une bonne fois résolu de remplacer l'étude par le caprice, M. Decamps a tiré de ses trouvailles le parti le plus raffiné : quand la ligne horizontale qui doit séaprer le ciel de la partie solide du tableau était fixée, il pouvait, au-dessous de cette ligne, travailler au petit bonheur, tirer de ses résidus de palette étalés au couteau sur la toile des roches, des flaques d'eau, des plantes, des mousses, des buis sons, de vieux troncs d'arbres, des hommes ou des animaux.

Notons bien ceci : quelquefois l'artiste ne dessinait rien sur sa toile, ni au crayon ni au pinceau; il y faisait une couche des diverses couleurs dont sa palette était chargée; de ce mélange de hasard se dégageaient des images vagues, comme on en peut voir dans le marbre et dans certains bois d'ébénisterie. Le peintre effaçait les moins déterminés de ces fantômes et gardait les autres pour en faire en quelque sorte les êtres réels du tableau.

Lorsqu'il n'a pas pris ses motifs ou ses figures dans les dessins, dans les gravures des maîtres, ce qui lui est souvent arrivé, je le prouverai tout à l'heure, il s'est à peu près borné à suivre les incitations du caprice. L'idée n'est presque rien pour lui; seul le raffinement de l'exécution l'inquiète : aussi passe-t-il avec indifférence d'un sujet à l'autre, du singe à l'éléphant, de l'âne au tigre, du Bédouin au chasseur, d'*Eliézer et Rébecca* aux chenils et aux bouledogues, de *Joseph vendu par ses frères* à des troupeaux de canards, de la *Défaite des Cimbres* à des *Chevaux de halage*, des *Joueurs de cartes et de boules* à *Samson*, de l'*Homme qui cherche des truffes avec un cochon* à *Diogène* qui cherche des hommes et ne trouve que des ivrognes dans les truanderies populaires.

M. Decamps vantait les parties vicieuses de son exécution et cachait à tout le monde ce qu'il savait de bon. De tous ces moyens pittoresques, aujourd'hui connus comme le secret de Polichinelle, le pire, sans contredit, est celui qui consiste à peindre le ciel après toutes les parties solides du tableau. Voyez *Joseph vendu par ses frères*, *Une rue de village en Italie*, *Eliézer et Rébecca*. Ces ciels, dont on a tant loué la profondeur et la lucidité, ne s'accordent pas avec la terre. Les premiers plans de la toile sont couverts d'épaisses ombres que l'œil ne peut traverser; les objets s'enveloppent de glacis bruns; les eaux chargées de bitume reflètent mal la lumière du firmament. En regardant de près toutes ces petites toiles on est tout d'abord piqué par l'étrangeté de l'exécution; si on les examine d'un peu loin, leurs parties mal liées se disloquent et tombent par pièces.

Ç'a été véritablement un désastre pour l'artiste que d'avoir accroché l'un à la suite de l'autre ces cinquante tableautins à l'*Exposition universelle :* les connaisseurs ont vu pour une bonne et dernière fois toute sa monotonie. Les paysages de Théodore Rousseau, intercalés ensuite de distance en distance n'ont pas corrigé cette mauvaise impression. Ces deux files de Decamps, d'une harmonie brun fauve et tachetées de blancs empâtements, m'ont fait l'effet de deux ruisseaux de nicotine chargés d'écume.

On a pourtant raffolé, — la mode changera, — de ces peintures faites à coups de truelle, de ces rochers et de ces murailles animés comme par grâce de figurines capricieuses. Les billets de banque pleuvaient sur lui, et Sigalon n'avait pas deux sous dans sa poche après avoir fait *Locuste* et *Athalie*; pour comble de malheur, un brutal intendant des Beaux-Arts le mettait à la porte de son cabinet en lui disant : « Vous reviendrez quand vous saurez votre métier. » Voilà pourtant le sort des hommes de mérite livrés par un gouvernement à l'insolence des bureaucrates. Une des nobles actions de M. Thiers (1) est d'avoir tendu la main à Sigalon; mais il était déjà trop tard.

Ce qu'il y a de plus frappant, ai-je dit, dans l'ensemble des ouvrages de M. Decamps, c'est la monotonie de la couleur. Un artiste naïf dans ses impressions et simple dans ses procédés ne manque jamais de variété ; mais un peintre toujours en quête de moyens nouveaux et factices sera forcément monotone. Ce n'est certes pas la bonne volonté qui a manqué à M. Decamps : il s'efforce de ne jamais travailler de la même manière ; tantôt il commence par une espèce de grisaille, où le ton violet domine pour servir de base à des tons francs et solides ;

(1) C'est Thiers qui commanda à Sigalon la copie du *Jugement dernier* (N. de l'E.).

tantôt il ébauche sa toile vierge au moyen de bruns transparents, comme il ferait une sépia; une fois, armé d'un torchon, il frotte vivement sur un fond rouge fraîchement préparé toutes les places qu'il destine aux clairs du tableau, depuis les demi-teintes jusqu'aux lumières les plus vives; une autre fois, il cherche d'abord ses personnages à coups de crayon blanc sur la toile vierge, fixe les contours à la mine de plomb ou à la plume; il lui arrive enfin d'enlever à la fois la forme et la couleur d'un pinceau décidé et rapide.

Mais bientôt, retombant dans les complications, il extrait de ses couleurs l'huile dont il redoute les infiltrations délétères; promène sur son tableau des éponges, des chiffons, des rondelles de pommes de terre, et met ses esquisses au séchoir, comme la blanchisseuse y mettrait son linge, ou dans un four, comme le pâtissier y cuirait ses gâteaux.

M. Decamps, déjà tourmenté par l'aquarelle, est bien un autre homme quand il peint à l'huile : là, les difficultés ne sont faciles à vaincre ni toutes à la fois ni une à une : l'artiste ne peut en même temps empâter, glacer, frotter ses tableaux, employer les siccatifs et les mordants; il faut se résigner à supporter les longs intervalles qui s'écoulent de l'une à l'autre de ces opérations. Dans la gouache et dans tout autre lavis les parties séchant à mesure qu'elles sont faites, le peintre est moins exposé à s'interrompre, à s'irriter, à se dégoûter.

M. Decamps n'est venu à bout de certains tableaux qu'à force d'acharnement et de ruse. Il ne mène pas son sujet, c'est son sujet qui le mène. Dans le *Souvenir de la Turquie d'Asie*, il avait d'abord mis une rue, un porche et un âne : tantôt c'était l'avant-train de l'animal qui n'allait pas, tantôt c'était la croupe. Après mille essais inutiles, l'artiste fit de la rue, du porche et de l'âne un canal où nagent des canards, qui, par parenthèses, *semblent nager dans le granit*, tant il a dû *empâter* l'eau, la *glacer*, l'*empâter* encore. Parfois il fait une fenêtre ou une porte dans un mur, plutôt bâti que peint, et l'on voit tout le mal qu'il se donne; il tire de l'eau d'un rocher; puis il pétrifie l'eau. Le tableau, à sa dernière métamorphose,

Sera-t-il dieu, table ou cuvette?

L'auteur n'en sait rien. Après avoir attiré l'attention par une scène de chiens malades, appelée *Opital des Galeus*, et par la *Défaite des Cimbres*, M. Decamps s'est rendu fameux par ses sujets orientaux. Il avait fort peu séjourné dans le Levant et fait sur place un bien petit nombre de croquis. Cela me porte à croire que la plupart de ces scènes orientales sont tirées des carrières de Montfaucon : les accidents calcaires, les échoppes et les chantiers des environs ont subi seulement quelques transformations pittoresques; les voyous errants des faubourgs de Paris, qui y figurent les Orientaux, ont reçu des lettres de naturalisation albanaise ou smyrniote, écrites par l'artiste à coups de crayon et corrigées à la mie de pain. Il ne lui manquait rien du reste pour les équiper à son gré, dans cet arsenal d'armes et de costumes dont voici l'inventaire (1) :

(1) Vente des armes, costumes, etc., composant l'atelier de M. Decamps, 21, 22, 23 avril 1853;

Fusil kabyle à capucines d'argent, et son étui. — Autre fusil de chef incrusté avec demi-étui et mesure à charger. — Fusil albanais, garniture d'argent. — Fusil anglais à canons superposés. — Carabine navraise. — Carabine de chasse à silex. — Carabine à piston. — Canardière garnie en argent, époque Louis XIV. — Canardière anglaise, à rouet, mesure de charge et clef, époque de Charles Ier. — Fusil de dame, à rouet, et une petite poire à poudre assortie, époque de François Ier. — Arquebuse allemande, incrustée de cuivre, à rouet, avec poire à poudre. — Arquebuse à rouet, incrustée de nacre et d'ivoire, époque de Charles IX, avec poire à poudre et clef. — Arquebuse allemande, à rouet, avec poire à poudre en ivoire. — Arquebuse à rouet, garnie d'ivoire gravé. — Arbalète de chasse avec ivoire gravé. — Arbalète italienne, propre à lancer des balles. — Arbalète de rempart, avec un casque. — Arbalète garnie de cuivre, avec un casque. — Paire de pistolets à rouet, époque de François Ier. — Paire de pistolets albanais, garniture d'argent. — Pistolet à rouet et deux éperons anciens. — Paire de pistolets, époque Louis XIV. — Gaîne à pistolets. — Modèle de canon, époque Louis XIV. — Modèles de pièces à pivot et de mortier. — Modèle de canon. — Modèle de fourgon. — Pièce de rempart, modèle anglais. — Pièce, ancien modèle. — Forge et tombereau, jolis modèles. — Petit modèle de canon, système de l'Empire. — Yatagan grec, fourreau d'argent avec chaîne. — Yatagan de Tunis. — Yatagan ancien, fourreau d'argent. — Petit yatagan

M. Decamps a été loué à l'orientale. Peut-être, une fois exalté par la renommée, a-t-il conçu l'idée de s'élever au-dessus des vieux maîtres. C'est fatigant aussi, il nous le confesse lui-même, de se voir condamner à perpétuité aux petits tableaux de chevalet, et de ne s'entendre jamais appeler que le peintre des ramoneurs, des braconniers, des chiens et des singes; mais il ne s'agit pas non plus d'enfler son génie par tous les expédients possibles, de pourchasser à faux la beauté du contour des statues antiques, qui autrefois l'effrayaient de « leurs yeux blancs », d'exalter M. Ingres, d'abord dédaigné, et de gémir sur le malheur de n'avoir pu suivre les sublimes leçons de ce grand maître. Qui empêchait M. Decamps de les suivre, ces leçons, lui né libre avec dix mille livres de rente? A quoi bon envier les têtes ovales, les purs contours et les groupes rhythmés de Raphaël, les sites

---

grec et poignard de mameluk. — Poignard circassien. — Poignard, lame indienne. — Poignard. — Poignard à manche en vache marine. — Petit poignard de femme. — Couteau de femme, avec virole d'or et fourreau en vermeil. — Couteau turc, poignée en jade. — Couteau turc. — Couteau de chasse, époque Louis XV. — Criss malais et coutelas indien. — Kandgiar persan. — Sabre de mameluk. — Sabre persan. — Sabre turc. — Sabre de mameluk. — Sabre de cavalerie, casque et cuirasse. — Épée de chevalier, très-ancienne. — Grande épée norvégienne. — Deux grandes épées. — Épée, acier ciselé, époque Louis XV. — Épée écossaise, gantelet. — Hallebarde. — Cotte de mailles et deux vieux casques. — Étriers turcs et étriers tartares. — Selle turque. — Bride turque en soie, avec son mors argenté. — Housse persane brodée. — Camail doré, caparaçon, étriers. — Cartouchière et sabre.

Costume de femme mauresque, culotte, babouches, etc., etc. — Pelisse kurde, coiffure syrienne, manteau valencien, deux écharpes, veste turque. — Écharpe tunisienne. — Diverses pièces de costumes italiens. — Costumes albanais (complet). — Costume or et argent. — Machelack, un burnous. — Costume de Mauresque, veste, caleçon, ceinture et chemise. — Écharpe et riche coiffure arabe. — Costume chinois (mandarin militaire), robe, caleçon, bonnet, souliers, jambiers et ceinture. — Portière en soie brochée d'or de Brousse. — Deux ceintures, un turban. — Costume de femme juive d'Orient avec le sarma en argent, coiffure brochée d'or. — Costume de Bédouine (complet). — Chemise et caleçon de soie. — Deux vestes turques, dont une de femme, une chemise de soie et une ceinture de mousseline brodée. — Veste, caleçon, paire de babouches turques pour femme. — Robe de femme égyptienne avec le voile, chemise de fellah et babouches.

grandioses de Poussin, et pourquoi glaner dans les compositions de certains maîtres oubliés du XVIIe siècle ?

Dans son voyage en Italie, M. Decamps a perdu son style à la recherche du *style*; commme le paysagiste Cabat qui, lui aussi, s'est égaré dans les grandes ruines de la terre classique. Mais M. Decamps est un homme assez adroit pour éviter l'imitation directe du Poussin, dont l'œuvre est trop connu. Quand il a pensé que ses petits sujets n'inspireraient pas d'assez belles phrases aux journalistes, qui, après tout, ne peuvent pas faire des dithyrambes sur un singe pelé, et qu'il a voulu faire son ascension dans les régions du grand style, il s'y est pris comme on va voir.

J'ai déjà parlé des plagiats de M. Ingres; pourquoi tairais-je ceux de M. Decamps? Ses croquis lithographiques publiés par l'éditeur Gihaut, et qui ont eu tant de succès, rappellent trop les paysages gravés à l'eau-forte de Cottman et les sujets de chasse de Howith; passons; mais ses dessins qui représentent les épisodes de la vie de Samson sont à la lettre pillés dans l'œuvre d'un maître à peu près oublié du XVIIe siècle, François Verdier, que l'on appelait de son vivant « le second Poussin ». Le lecteur qui serait tenté de m'accuser d'exagération pourra consulter le volume in-folio du cabinet des estampes de la Bibliothèque impériale intitulé : *Œuvre de F. Verdier*, immatriculé D [a], 54.

Il trouvera dans cet ouvrage quarante épisodes de la vie de Samson, la plupart très-bien composés, et il reconnaîtra sur place que M. Decamps, qui revendique l'honneur de l'invention, s'est montré précisément dans ces scènes bibliques un véritable plagiaire. Dans le sujet de *Samson emmené prisonnier*, il se borne pour toutes variantes à donner à la figure principale de Verdier une culotte rouge et à lui attacher une corde au cou. Après avoir calqué la figure de *Samson emportant les portes de Gaza*, il l'a mise à l'arrière-plan de son dessin; il ne pouvait la laisser au premier plan, comme Verdier l'a fait dans un plus petit cadre, sans se donner au moins la peine d'en augmenter matériellement les proportions. J'en pourrais dire bien d'autres, mais il suffit de trouver la tête et la main de Verdier dans les sujets où M. Decamps a cherché le grand style.

Verdier fut l'un des gendres de Lebrun; ses travaux au palais de Versailles, mêlés à ceux de son beau-père, sont remarquables. Verdier fut aussi un des premiers, sinon le premier, des directeurs de l'école française à Rome. Les Audran, Drevet et Poilly ont gravé des compositions de lui, qui se distinguent par la noblesse et la pondération des groupes.

Quand l'influence de Mignard eut renversé celle de Lebrun, Verdier cessa d'avoir à faire de grands travaux officiels; les graveurs s'éloignèrent de lui, et il tomba dans la misère en vieillissant. C'est alors qu'il se mit à vendre aux étalagistes forains et à quelques amateurs des dessins qu'il composait pour gagner stictement son pain, car il les vendait quinze ou vingt sous chacun, ou bien cinq ou dix francs la série. Les milliers qu'il en fit à la sanguine, à la pierre noire, à la plume, au lavis ou aux deux crayons, encombrèrent les portefeuilles des revendeurs et tombèrent à des prix vils. J'en ai quelques-uns des plus hâtifs, productions faméliques, indignes de ce beau talent, et d'autres que l'auteur a marqués de sa forte empreinte avant que de les disperser comme des feuilles mortes au vent de l'adversité.

Que d'artistes auraient pu se servir de ces dessins originaux la plupart non gravés et les détruire ensuite ! Mais quelque jour une répétition ou une méchante copie se retrouve et le mystère est éventé. Deflorenne, marchand d'estampes du quai de l'École, avait trois ou quatre cents Verdier; le vieux Leloutre, qui tenait son étalage non loin du pont Saint-Michel et de la rue de la Harpe, en avait aussi beaucoup et il savait de tradition toute sorte de particularités sur la vie de l'auteur.

Un artiste qui dès le commencement de sa carrière est, à l'exemple de M. Decamps, assez riche pour acheter beaucoup d'estampes ou assez studieux pour passer en revue toutes les collections évite difficilement les réminiscences; je reconnais aussi qu'une bonne donnée, manquée par un peintre médiocre, peut être reprise par un peintre capable d'en tirer le plus brillant parti. Shakspeare ne s'est pas déshonoré par ses captures sur de barbares devanciers; Molière disait : « Je prends mon bien où je le trouve », en dépouillant Cyrano de Bergerac; et c'est sans doute à ses propres ouvrages que M. Decamps a pensé en disant : « Et que font après tout les hommes, si ce n'est répéter ce que d'autres hommes ont dit avant eux? »

Il n'est pas permis de louer le plagiat, fût-il commis par Shakspeare et Molière, mais il ne viendra jamais à l'idée de qui que ce soit d'accuser ces deux grands hommes de stérilité. Quand ils ont pillé quelqu'un, ils l'ont fait *en tuant leur homme*, c'est-à-dire en le faisant à jamais oublier par leur supériorité.

Il ne faut pas non plus que M. Decamps s'imagine avoir fait comme Rembrandt qui, dit-il, « formula du premier coup sa théorie sans aucun appris ». Rembrandt avait eu, au contraire, une éducation professionnelle très-solide, et d'ailleurs il était doué d'un merveilleux tempérament. Ce n'est pas lui qui empruntait du voisin; il était trop riche.

Bien que M. Decamps n'en soit pas là, il faut lui reconnaître d'éminentes qualités : le goût du pittoresque, l'amour de tout ce qui a du caractère. Il fait sur la nature de très-vives observations. Quelques-uns de ses petits sujets sont fort piquants : les singes amateurs (1), les chiens savants, les chasseurs, les chenils et les poulaillers. Dans des scènes, sérieusement tirées de l'Orient, les types sont, au dire des voyageurs, d'une grande vérité, et la manière dont il les dispose et les habille plaît aux artistes comme un ingénieux assortiment; les armes, les accessoires bien rendus donnent plus d'accent à ces scènes étrangères.

Mais l'artiste tombe toujours en escaladant les hauteurs de

---

(1) Voir *Appendice II*.

la Bible ou de l'Histoire. La profusion des dessins et des gravures ne lui sert alors de rien. Ses architectures mesquines ne se rattachent à aucun style; la demeure de Dalila est une espèce de chalet; Samson renversant les colonnes du temple témoigne assez de l'impuissance de M. Decamps dans la grande peinture. Samson, qui paraît petit, occupe à lui seul en étendant les bras un tiers de cette enceinte dont l'étendue n'est donc que de trois brassées. Comment l'artiste a-t-il pu colloquer un si grand nombre de personnages à la droite et à la gauche de son héros !

Lui, qui fait si bien les burnous et les vestes des Orientaux, ne peut se tirer des plis du costume antique; il les découpe à coups de crayon à tout hasard, comme un enfant colère taillerait ses livres à coups de canif; lorsqu'il vise à la précision de la forme au moyen d'un contour arrêté, il rapetisse ses personnages et il n'exerce réellement quelque prestige sur le spectateur que s'il prend le parti de faire foisonner dans une esquisse, dans la *Défaite des Cimbres* par exemple, des foules dont l'aspect reste indéterminé.

Ses vainqueurs ont l'air de combattre; ses fuyards ne peuvent pas courir : tantôt leurs membres roides semblent suspendus et tantôt englués dans leurs ombres portées comme en des flots de poix.

Si M. Decamps n'a pas le geste, c'est qu'il manque d'impressions. Le drame pittoresque s'allume dans le cerveau et dans le cœur de l'homme et non pas sur ce morceau de bois chargé de couleurs qu'on nomme une palette. J'ai tout lieu de croire que jamais l'enthousiasme n'a secoué dans l'âme de l'artiste ses divines étincelles. Je ne regarde pas comme des inspirations suffisantes son libéralisme constitutionnel de 1830, si vite refroidi, et ses carricatures contre les rois Charles X et Louis-Philippe; je ne pense pas non plus qu'il ait eu dès la jeunesse l'amour des maîtres élevés.

Mais, à défaut d'inspiration, je ne puis m'empêcher de reconnaître une certaine férocité au fond du caractère de l'artiste : Voyez donc l'acharnement qu'il apporte dans l'exécution de quelques sujets, notamment dans le *Supplice des crochets* et dans le *Boucher turc* (1), qui sont à mon avis, ses deux meilleurs tableaux de caractère ! Je la vois encore percer, cette férocité, dans le mépris ordinaire avec lequel il traite l'homme : l'homme passe dans ses tableaux comme un bandit, comme un mendiant ou une brute. Les chiens, les ânes, les canards n'y laissent de place convenable à personne.

M. Decamps est de taille moyenne, un peu déjetée. Il a la démarche traînante, les bras longs, les mains sèches et actives, les épaules larges, la poitrine rentrante, la tête penchée. Son front très-bien coupé est à demi dépouillé, comme celui de l'officier de cavalerie qui a longtemps porté le casque; ses yeux gris bleu, enfoncés sous des arcades osseuses, lancent des feux obliques. L'ensemble nerveux, remuant et fatigué de la physionomie exprime une âme ardente, énergique, volontaire, dure et emportée. Son esprit net, positif, décisif, ambitieux et jaloux, rapporte tout à lui-même, évitant également la tendresse, la servilité et l'insolence.

L'artiste aime les exercices du corps, la pêche, la chasse, l'équitation, et il ne fuit pas le péril. On l'a vu, pendant la lutte de juillet 1830, armé de son fusil de chasse, la gibecière au dos, et on lui prête, peut-être à tort, ces paroles indignes d'un homme et d'un chrétien : « Je chasse la grosse bête. »

Il a une certaine réputation de bon sens et de clairvoyance : c'est encore lui qui aurait fait, quelques semaines après la révolution du 24 février 1848, cette menace aux politiqueurs de son faubourg : « Vous êtes des imbéciles, et il arrivera un grand sabre qui vous corrigera tous. » M. Decamps me paraît un composé d'artiste, de marchand, d'homme politique, de braconnier, de bourgeois et de soldat.

---

(1) Voir *Appendice II*.

DIAZ

Thomas Diaz de la Peña, bourgeois de Salamanque proscrit par le roi Joseph Bonaparte à la suite d'une conspiration politique, passa la frontière française à travers mille dangers et s'arrêta à Bordeaux avec sa jeune femme Maria Manuela Belasco, qui, sous le coup des fatigues et des agitations du voyage, mit au monde dans cette ville, le 20 août 1807, Narcisso Virgilio Diaz, aujourd'hui l'un de nos peintres célèbres.

Les réfugiés ne trouvèrent pas la tranquillité en France : Thomas Diaz gagna l'Angleterre où il mourut après trois ans de séjour. Sa veuve, caractère résolu, passa successivement de Bordeaux à Montpellier, de Montpellier à Lyon et de Lyon à Paris, où des amis de famille haut placés la protégèrent en belles paroles, selon l'usage du monde. Elle enseigna les langues pour vivre, et, à sa mort, son enfant âgé de dix ans fut recueilli par un pasteur protestant retiré à Bellevue, dans les environs de Paris.

Le jeune Diaz, diablotin, tourmenté par la force du sang et livré à lui-même par le bon et négligent pasteur, passait sa vie à battre les bois et les chemins de Fleury, de Meudon, de Sèvres, de Saint-Cloud, aimables campagnes. Là, une nature sans violences rappelle la magie des fêtes galantes de Watteau : le tronc des arbres y vient d'un jet opulent et gracieux dans les bas-fonds pleins de sources dormantes et sur les coteaux presque toujours enveloppés de légers brouillards qui rafraîchissent la verdure et semblent prolonger l'automne. Du haut du monticule où la chapelle de Notre-Dame-des-Flammes s'élève au milieu des cyprès, l'œil voit avec délices les rives de la Seine excoriées par la navigation, les blanches villas d'Auteuil, de Boulogne et les silhouettes de Paris, vaporisées dans le lointain. C'est par là qu'un jour le jeune Diaz, après avoir folâtré, s'endormit sur l'herbe. A son réveil il se sentit une vive douleur au pied droit, qui gonflait à vue d'œil. Une bonne femme le soigne bêtement, la gangrène paraît, on le transporte à l'hospice de l'Enfant-Jésus où il supporte coup sur coup deux amputations (la première opération n'ayant pas réussi), et il appelle aujourd'hui gaiement sa jambe de bois : « *Mon pilon!* »

Sitôt guéri on le mit en apprentissage chez un imprimeur, puis chez un fabricant de porcelaines, où il commença la peinture sur des assiettes, des compotiers, des pots de pharmacien, en compagnie de Jules Dupré, de Raffet, de Cabat, devenus comme lui des artistes célèbres. Il adorait le théâtre : les drames romantiques surexcitèrent l'ardeur naturelle de son tempérament; il fut l'admirateur fanatique de Delacroix et le mortel ennemi de la peinture « *finie et pourléchée* ». Au lieu de suivre les recommandations du porcelainier, qui voulait plaire au public par des images jolies et banales, Diaz s'avisa de lui peindre des esquisses *féroces*. L'homme à la porcelaine jeta les hauts cris. Diaz se précipita dans l'art libre, à ses risques et périls. M. Souchon, mort directeur de l'École de Lille, lui donna quelques leçons de dessin; mais l'impatient élève s'empressa d'échapper à cet habile homme et se mit à faire à la diable ses premiers tableaux, sans avoir rien appris.

Sigalon (1), ami, compatriote, élève de M. Souchon, et

(1) Auteur de la Copie du *Jugement dernier*. Voir à ce sujet *les Œuvres littéraires* de Delacroix (t. II, p. 217) et l'*Atelier d'Ingres* d'Amaury-Duval (p. 217).

qui en ce temps-là travaillait à son *Athalie*, au milieu des horreurs de la misère, disait souvent : « Diaz a le plus bel avenir, s'il veut travailler ; c'est un fier tempérament de coloriste, et quelle facilité ! Il fait ses tableaux comme un pommier ses pommes. »

Sigalon était un homme robuste, au teint brun, aux larges épaules. Grosse tête obstinée, un peu lourde et commune ; physionomie patiente, attentive et paterne ; conversation sérieuse, pleine de faits, de bons jugements et d'histoires singulières. Il n'avait commencé que fort tard ses études spéciales. D'abord scribe de municipalité, ensuite élève d'une école provinciale de dessin, il ne faisait que des portraits de campagnards pour vivoter à la grâce de Dieu. Ce ne fut qu'après la trentaine que, par un suprême effort, il vint tomber à Paris avec une sœur, vieille mégère pleine de dévouement. Voué corps et âme à son art, Sigalon se privait de tout et vendait ses nippes pour avoir de quoi payer une séance de modèle vivant. Toujours aux abois, et trop souvent servile envers des protecteurs qui ne le protégeaient pas, il travaillait avec une constance héroïque. Ne pouvant rien pour lui-même, il fut utile à Diaz en le recommandant à quelques Nîmois qui lui firent barbouiller des toiles au prix de dix ou de quinze francs. Un amateur de la Provence, qui en possède une vingtaine, visitant il y a dix ans Diaz dans son atelier, lui disait : « J'ai des tableaux de votre jeunesse qui valent bien ceux que vous faites à présent. »

L'artiste, sous l'impression de *Notre-Dame de Paris*, de *Lucrèce Borgia* par Victor Hugo, essayait des figures et des processions de moines, dont les robes et les capuchons le dispensaient d'études anatomiques, et prenait le désert pour sujet de ses paysages, évitant ainsi l'embarras de dessiner des arbres. Il montra une verve et une abondance prestigieuses à peindre les Arabes, les Turcs, les Odalisques, toutes les scènes de l'Orient qu'il n'a jamais vues que dans les images ou à travers la lumière des théâtres, et dont les somptueux vêtements et les armes étincelantes l'attiraient et le fascinaient par la turbulence de leurs couleurs.

Il faisait à merveille, lorsqu'il voulait s'en donner la peine, les fleurs et la nature morte. Voyez au palais de Saint-Cloud, dans la salle à manger de M. Salomon Rothschild et dans la maison de plaisance de son frère James, au bois de Boulogne, ces peintures exécutées en quelques parties à la manière fraîche et juteuse des vieux Flamands.

Déjà les yeux des marchands s'ouvraient sur lui : une dame Guérin, qui vendait des curiosités dans la rue du Faubourg-Poissonnière, lui prenait ses petits ouvrages ou les lui échangeait contre de vieilles peintures, des estampes, des armes, des costumes, des chinoiseries, des meubles amassés dans sa boutique, colifichets qui ont entraîné Diaz vers l'amour effréné du bric-à-brac et du luxe, et qui n'étaient pas alors portés au prix fabuleux et ridicule qui les rend inabordables aujourd'hui.

Diaz exposa au Salon de 1835 la *Bataille de Médina*, esquisse informe, surnommée par ses amis « la Bataille des pots cassés ». Vinrent les *Nymphes de Calypso*. M. Jules Janin posa, dit-on, pour le Télémaque. « Voilà, dit l'artiste, un tableau de confiseur. » Dans d'autres sujets, peints à la même époque, les accessoires et les objets de nature morte, touchés avec beaucoup de fermeté et du plus beau ton, font oublier les parties faibles.

Bientôt il ouvrit sa veine inépuisable de *Dianes*, de *Vénus*, de *Baigneuses* et de *Cupidons*. Les marchands, les femmes élégantes du quartier Notre-Dame-de-Lorette et les financiers de la rue Laffitte se disputent encore à prix d'or ces voluptueuses images qui, à mes yeux, n'ont ni pensée ni passion.

Les *Bohémiens allant à la fête*, la *Rivale*, les *Délaissées*, la *Fin d'un beau jour*, les *Présents d'amour*, le *Maléfice*, l'*Abandon*, l'*Amour désarmé*, quelques paysages, et notamment le *Plateau de la Mare*, *près de la Gorge-aux-Loups*, à

Fontainebleau : voilà, je crois, les meilleurs ouvrages de cet artiste à la main rapide, inépuisable, qui a fait cent fois plus de tableaux qu'il ne suscite de réflexions, qui tient pour ainsi dire le succès attaché au pied de son chevalet avec un ruban rose, et qui, selon le mot de Rubens, a trouvé la pierre philosophale sur sa palette. Je ne veux rien dire de son grand tableau, qui, à beaucoup près, n'a pas réussi à l'*Exposition universelle* de 1855, et qui accuse tous les défauts de l'auteur sans révéler la moindre de ses qualités; mais une erreur, si énorme soit-elle, ne détruit pas la sympathie publique pour cet artiste très-heureux et très-fécond, trop fécond peut-être aux yeux du spectateur attentif et sérieux qui sait par expérience toute l'application et tout le temps qu'exige l'expression forte et vraie des caractères et des passions.

Diaz est dans la force de l'âge, et il conservera jusqu'à la mort l'impétuosité de son tempérament. Taille moyenne, complexion robuste, sang bouillant, teint brun, bistré; chevelure, barbe et moustaches d'une abondance luxuriante et d'un ton noir bleu d'aile de corbeau; grands yeux aux prunelles veloutées dans un fond de nacre humide; mouvements brusques, vivaces; parole prompte, emportée, pittoresque dans sa crudité; imprévue, mordante et comique dans son décousu et dans sa liberté sans frein. Cette parole originale rend vivement les impressions rapides qui traversent comme des feux follets le cœur et la tête de l'artiste dont le caractère généreux et sincère s'ouvre à deux battants devant le premier venu, et qui, en parlant des morts, des vivants ou de lui-même, se répand comme un vase trop plein. Cette abondance précipitée l'empêche de poursuivre à fond aucune idée sur les choses qu'il sent et qu'il connaît le mieux. Au reste, il ne discute pas; il aime ou il déteste les hommes et les choses selon son goût et son humeur, sans moyen terme, — disposition qui chez un artiste n'est pas si mauvaise qu'on pourrait le croire; — il s'impatiente, s'anime, s'emporte, brise quelquefois la raison et achève par un geste ou par des jurons, quand les mots lui manquent, une phrase commencée avec trop de feu.

Il me disait, pour montrer à quel point ce pauvre M. Ingres manque d'originalité : « Qu'on l'enferme avec moi dans une tour SANS GRAVURES ! *ce particulier* y restera avec sa toile vierge, incapable de rien tirer de lui-même, et j'en sortirai, moi, avec un tableau. »

Sans se montrer exempt d'injustice, Diaz est un excellent homme, serviable, humain et doux comme un mouton avec ceux qu'il aime. Il n'est pas jaloux de ses contemporains et il achète à l'occasion leurs tableaux qu'il fait voir et qu'il vante à tout le monde ; mais ses choix sont limités comme ses sympathies. « Ma peinture, disait-il un jour, fait bien dans les salons et les boudoirs ; les tableaux de Courbet resteront dans les antichambres et les cuisines. » — « Possible, répondit Courbet, je ne les fais pas pour les mauvais lieux. »

Avec toute sa loyauté et sa franchise, Diaz sait protéger très-finement ses intérêts et déjouer tous les calculs de ses acquéreurs ; il se défend, il a raison. Son atelier est encombré de meubles, de tableaux, de tapisseries, de costumes orientaux et de brimborions d'un prix ruineux. Tous les accessoires de l'art romantique à la mode dans ces vingt-cinq dernières années étincellent, rayonnent autour de lui et lui font détester « nos gueux de paletots ».

Il a non-seulement la passion des belles choses, mais la fureur du luxe, de la magnificence, du faste. Quand il lui prend envie d'un objet, son désir est une fièvre d'enfant : rien ne l'arrête ; il jette l'argent à pleines mains. Je crois que, s'il avait la fortune de Rothschild, il ferait mouler en or massif pour sa maison les porte de bronze du baptistère de Florence. Cet artiste enthousisate, généreux, imprévoyant, ne cachera jamais un sou chez un notaire. Cinquante mille francs gagnés à coups de pinceau tombent tous les ans de ses mains comme l'eau qui s'écoule à travers les mailles d'un panier.

Diaz est assiégé par les amateurs et les marchands, obligés

de s'y prendre assez longtemps d'avance et de le payer fort cher pour obtenir de lui le moindre morceau. Cette vogue le condamne à sacrifier à la corruption du public, à travailler continuellement, à *chauffer son four,* comme disait Charlet en ses moments besoigneux, et ne lui laisse pas une heure de liberté pour la réflexion et l'étude. Aussi le voyez-vous produire par douzaines, avec la rapidité d'une usine, ces femmes et ces enfants aux cheveux d'or, aux chairs blanches et roses, figures ressuscitées des vignettes ou bien imaginées et faites à la course, fourmillant de défauts et de qualités originales, séduisantes pour le vulgaire et trop souvent indignes du beau tempérament de cet artiste doué par la nature avec tant de prodigalité.

Il est vrai qu'il ne fait pas un compte sérieux de ces tableaux éparpillés dans le monde comme de folles graines et qu'il se réserve de donner à l'art toute sa conscience et tout son temps le jour où la fortune l'aura mis au-dessus des besoins et des soucis matériels. Faux et détestable calcul.

Les circonstances l'ont entraîné : enfant privé de toute éducation première, jeune homme livré à la misère et à ses passions, homme mûr gâté par la faveur publique, il ne pouvait guère manquer de suivre au jour le jour l'impulsion de la nécessité. Il a pris de bonne heure l'habitude de travailler pour vivre, et si les principes de l'art devaient, sous aucun prétexte, céder le pas aux intérêts ordinaires de la vie, Diaz serait bien autrement excusable que ne l'est Decamps qui, lui, né dans l'aisance et dans la liberté, semble n'avoir travaillé que pour plaire et pour vendre.

Diaz se soutient par l'ardeur de son tempérament et l'énergie de sa volonté; mais ses bouillonnements sont suivis de grandes défaillances. Les artistes plus ou moins instruits qui ont essayé de le faire raisonner l'auraient dérouté depuis longtemps s'il était homme à oublier un seul moment ses impressions naturelles. Il sait bien aussi tout ce qui lui manque, il en gémit intérieurement, il le confesse quelquefois sans aveuglement et avec une rare franchise; mais il va toujours droit son chemin et se console en disant : « Les ouvrages des académiciens, plus ou moins bien établis sur de grandes règles, sont toujours ennuyeux. »

Il ne vit donc que de sensations rapides et capricieuses. Il serait plus logique dans ses préférences et plus constant dans ses aspirations, s'il s'était mis de bonne heure à même de connaître, de comparer, de juger les choses, au lieu de se borner à les sentir. Tout lui saute au yeux, rien ne le pénètre. Je n'ai jamais pu savoir précisément de lui les motifs qui l'ont quelquefois porté dans ces derniers temps de l'imitation de Boucher et de Watteau à l'impuissante recherche de la forme antique.

Il ne se montre très-conséquent avec lui-même que dans son amour des grands coloristes et dans son éloignement pour les autres maîtres qu'il ne regarde même pas. Obéissant à la loi des affinités, il voisine tour à tour chez Rembrandt, le Corrége, Claude Lorrain, Murillo, Velasquez, Rubens, Pierre de Hooghe et les petits Hollandais. « Voilà, dit-il, les clairs, les lumineux, les magiciens; il me semble que tous ces *cocos*-là sont mes parents; » mais il adore entre tous le Corrége : « Je vais à lui, ajoute-t-il, comme un papillon vole à la flamme : on a beau l'accuser de mollesse, de relâchement dans la forme, moi, je ne vois que sa couleur et son rayonnement; discutera qui voudra sur son dessin, sur sa composition, peu m'importe; il me plaît, cela me suffit; je trouve après tout qu'il s'exprime aussi complétement que peuvent le faire ses plus illustres rivaux, et qu'en outre il est doué d'un charme particulier dont nul n'approche. »

Diaz ne se croit pas aussi porté qu'il paraît l'être vers les sujets convenus gracieux, et dont la fadeur contraste péniblement avec son humeur castillane; mais le commerce le tient rivé au mauvais goût du public, et les chalands qui l'obsèdent à toute heure de leurs exigences niaises entraînent son talent aux plus fâcheuses déviations. Il s'irrite avec une extrême sincérité contre la sottise bourgeoise ; mais il ne guérit pas de ces complaisances.

Quelques sujets terribles et fantastiques s'agitent, dit-il, dans son esprit, depuis quatre ou cinq ans : il se propose, si j'ai bonne mémoire, de peindre, après de longues et sérieuses études, la *Résurrection au cimetière* par un *clair de lune*, tableau dont chaque figure serait la personnification saisissante d'un vice capital de l'humanité.

Il s'inquiète singulièrement de baptiser ses tableaux; mais les noms recherchés qu'il a donnés à ses compositions ne les font pas connaître. Il suit en cela l'exemple des littérateurs qui mettent tout leur esprit dans leur titre.

Je me souviens à ce propos du conseil qu'un écrivain donnait à un peintre après la révolution de 1848 : « Je vous apporte, disait-il, le sujet d'un superbe tableau : les *Trois Sœurs*. » Était-ce trois demoiselles de la ville, de la campagne, de Paris ou de Londres, les trois Parques, les trois Grâces ou les trois Vertus théologales ? Non pas; c'étaient la Liberté, l'Égalité et la Fraternité ! Le journaliste ingénieux les voulait habillées l'une de rouge, l'autre de bleu, la troisième de blanc, sans penser qu'il proposait en somme pour sujet un drapeau tricolore.

Mais un mot sur le praticien : Diaz enlève vivement ses sujets à la pointe de la brosse, sans avoir pour ainsi dire au préalable dessiné ses figures, car il ne m'est pas possible d'appeler dessin les premières indications qu'il trace sur sa toile à coups de crayon blanc. Sa manière de peindre est variable comme son humeur : il débute tantôt par les tons clairs, tantôt par les tons sombres, quelquefois par les tons intermédiaires, selon le caprice du moment et l'état de ses nerfs. Il se sert, mais beaucoup moins que ne le faisait Decamps, du couteau à palette, non-seulement pour obtenir par ce moyen des tons plus éclatants, mais surtout pour aller plus vite en besogne. Il emploie les couleurs à l'état vierge, c'est-à-dire sans les étendre dans l'huile dont il craint les mauvais effets pour l'avenir du tableau. Il exagère les empâtements et les frottis, mélange très-peu ses tons, de peur de les affaiblir, les subdivise à l'infini et les pose de proche en proche sur la toile comme s'il faisait des bouquets ou des assortiments d'échantillons, espérant arriver ainsi à des aspects très-variés; mais il tombe dans un certain papillotage, excès contraire à la monotonie de Decamps, qui n'est pas coloriste.

Les meilleures peintures de Diaz sont, à mon goût, ses paysages, étudiés sinon à fond, du moins rapidement préparés d'après nature dans les plus beaux sites de la forêt de Fontainebleau. Les endroits que l'artiste y fréquente de préférence sont le Bas-Bréau, où les chênes séculaires semblent dans leurs imposante vétusté avoir ombragé les sanglants sacrifices des druides et balancé les boucliers des guerriers gaulois; les gorges d'Apremont, dont les endroits les plus pittoresques et les plus sauvages ont été dans ces derniers temps bouleversés par des semis de pins; la vallée de la Solle, pleine d'accidents, de caprices énergiques, et plantée de hêtres, de bouleaux et de chêne entrelacés et mystérieusement confondus. L'artiste a peint souvent les grès, les mousses, les bruyères de ce pays de serpents et fait poudroyer le soleil à travers les riches et inextricables frondaisons.

Enfin, malgré les incertitudes, les faiblesses et les relâchements de son talent, Diaz a le mérite d'avoir conservé, entre Delacroix et Decamps, la force et l'originalité. Vous le reconnaîtrez toujours. On pourrait bien lui reprocher d'avoir vainement cherché à imiter le Corrége, les peintres galants du XVIIIe siècle et surtout Prud'hon; mais on voit toujours à la fin qu'il est plutôt lié à ces devanciers par des sympathies de nature que par des tendances au plagiat. Son dessin d'ailleurs a des formes vicieuses dont il semble avoir seul le triste privilége, et que la vivacité, l'éclat, la fraîcheur et le velouté de son coloris ne lui font pas pardonner.

Il n'a compris qu'un des côtés de l'art; mais il l'a saisi avec un rare bonheur. Moins calculé, moins volontaire, moins tourmenté que ne l'est Decamps, Diaz se montre en revanche plus facile, plus sincère et plus riche. Son ignorance est naïve et bonne fille; celle de Decamps est étroite et dissimulée. L'un se ferme avec la dureté d'un cadenas, l'autre s'épanouit avec la splendeur d'un éventail.

Si Diaz avait eu le temps, les moyens, le volonté de se livrer fortement à l'étude, et si surtout la mode qui s'est attachée à lui ne l'eût pas perverti, il fût devenu, non pas seulement un des plus brillants *dilettanti* de la couleur, mais il eût encore fortement remué des pensées et des sentiments, tandis que ses caprices ne servent qu'à séduire et charmer les sens comme les parfums et les fleurs. En dépit de tout, Diaz est un peintre, un vrai peintre.

Mais il aura créé dans l'école moderne de bien dangereux précédents, et son extrême licence ne rencontre déjà que trop d'imitateurs. En se jetant dans tous les écarts d'une improvisation brillante et facile, on ne renverse pas le pédantisme des Académies : on le justifierait plutôt. La science est en elle-même une vraie force qu'on ne doit jamais dédaigner, et rien au monde ne dispense un artiste sérieux de l'étude et de la méditation. Delacroix et Decamps avaient déjà poussé trop loin le goût des esquisses prime-sautières au détriment des formes positives que les coloristes les plus fougueux, le Tintoret, Rubens et Rembrandt lui-même n'ont jamais à ce point négligées. Mais Diaz, dans ses tranquilles et souriantes peintures, n'avait pas, comme Delacroix par exemple, à rendre par l'emportement d'un premier jet les gestes violents, les physionomies agitées; on pouvait attendre de lui plus de certitude et de correction. Diaz est l'homme des fêtes et des feux d'artifice; Delacroix s'élance, au contraire, dans les atmosphères orageuses et il revient de la bataille souvent blessé, toujours vainqueur. Son désordre ressemble à celui de la guerre; mais il ne faut pas oublier que ce grand artiste est aussi savant et réfléchi qu'il s'est montré passionné.

Les maniaques du ragoût, les fanatiques de la pochade, en

mettant la palette au-dessus de l'idée, l'éclat extérieur à la place du caractère et de la force concentrée, sont arrivés à perdre de vue les grandes lois de l'Art et de la Nature. On ne sait pas toujours ce que le peintre a voulu faire dans un tableau confus, qui produit à première vue beaucoup d'effet. Il faut alors s'appliquer péniblement à démêler la forme des personnages et des objets, qui semble plutôt résulter du hasard que provenir de la volonté de l'artiste. Un de nos écrivains célèbres prit un jour un massif d'arbres, esquissé sur un panneau, pour un gros poisson, et il persista même assez longtemps de très-bonne foi dans cette manière de voir. Pareille méprise n'était peut-être pas encore arrivée.

Tout cela est déplorable; mais qui faut-il accuser? Les Académies. Elles ont dégoûté par leurs recettes étroites et par leurs insipides ouvrages le public, qui se jette de nos jours avec enthousiasme sur les nouveautés les plus déréglées. Ainsi, les mauvaises femmes font douter de l'Amour, les mauvais prêtres outragent la Divinité et les pédants ruinent la Tradition.

PRÉAULT

La fièvre de la poésie, l'ivresse du beau, l'horreur du vulgaire, la folie de la gloire possèdent et tourmentent Préault. Son esprit remué flambe et fume comme un punch aux folles couleurs et ne semble chaque jour s'épuiser et s'éteindre qu'à l'heure où tout Paris est endormi. Tombez chez lui au chant du coq, hiver comme été, il entendra le plus léger bruit de vos pas, et, à peine aurez-vous touché la sonnette, que vous le verrez ariver brusquement en chemise, roulant, pour vous reconnaître à travers la porte entr'ouverte, des yeux torves, méfiants, brouillés par la lecture nocturne ou fracassés par la lumière des théâtres qu'il fréquente avec une assiduité passionnée. Des cheveux rares, mais très-vivants, s'ébouriffent et s'agitent sur sa grosse tête comme les bruyères d'une lande ravagée. Les causeries et les boutades de la veille ont cassé sa voix et fatigué ses traits, car il dépense de bon cœur le plus vif de ses forces pour soutenir sans défaillance et sans affront sa réputation d'homme d'esprit et d'artiste fougueux. Des plis parafés relèvent ses sourcils et tiraillent son front. Sa bouche dure, dédaigneuse et brouillonne, siffle et mord avec la violence du serpent dont on aurait foulé la queue. Sa conversation, pleine d'ellipses, de bouillonnements, de soubresauts, d'écarts, excite la curiosité, gagne la sympathie et fatigue l'attention; des saillies soudaines ou préparées, des aperçus ingénieux, des enthousiasmes emphatiques et rutilants la traversent, l'illuminent par intervalles, comme ces fusées d'artifice qui déchirent les ténèbres et meurent. Préault ne pousse jamais à fond un raisonnement : il court, il vole après les images et les comparaisons brutales ou raffinées. Il procède aussi par négations ironiques et par affirmations impérieuses, renforcées de sarcasmes et de rires nerveux, à la moderne.

Il cherche de sa main inquiète à vous harponner; vous demande vite : « N'est-ce pas? Qu'en pensez-vous? Peut-on dire autrement? afin de vous faire entrer dans ses propres vues; il vous contraint à coups de coude à lui répondre nettement : « Oui, oui, c'est juste ! » Et vous voilà pris. En apparence léger, changeant, orageux; au fond réfléchi, rusé, opiniâtre en diable, tout lui est bon pour vous engrener et vous convaincre. Il y a quelque chose de sauvage dans sa persévérance. C'cst un matelot enragé qui s'élance à l'abordage de son interlocuteur : vaincre ou mourir ! J'insiste sur la subtilité de son caractère : ceux qui l'ont jugé sur parole et d'après ses ouvrages le regardent comme la personnification naïve de la fougue; mais il est réglé dans ses passions et mesuré dans ses projets comme l'argent-vif dans le tube d'un baromètre. Seulement il a conservé l'entrain, le flamboyant romantique de 1830.

Il se fait des amis de circonstance, d'un bout à l'autre de Paris et les enrôle comme des volontaires par ses allures provocantes. Personne mieux que lui ne sait à l'occasion fondre la glace et mettre le feu à l'eau. Il a déclaré une guerre mortelle à l'indifférence. A lui les nouvelles fraîches, à lui les premiers souffles de l'opinion ! Voyez-le dans les solennités théâtrales voltiger à trente places différentes, sillonner les couloirs, mêler sa note au concert des critiques, souvent avec plus d'esprit que de justesse, hanter les cercles littéraires dès l'apparition d'un livre nouveau et affiler sa langue comme une lame de scalpel un mois avant l'ouverture du Salon des Beaux-Arts. Quand il lui vient un mot, il faut qu'il le dise, contre vous, contre moi, contre lui-même. Il ressemble au soldat pris de vertige, qui fusille l'ennemi, tue son capitaine et finit par se brûler la cervelle.

Préault est un homme du Nord par la culture de l'esprit, l'amour des rêves et de la couleur; un homme du Midi par l'énergie instinctive des combinaisons, l'âpreté de l'humeur, la turbulence du geste, et un Parisien par le goût excessif de l'actualité : aussi les journaux impriment-ils son nom à tout moment dans les *feuilletons*, dans les *nouvelles à la main*, dans la liste des notabilités présentes aux illustres funérailles. Il est partout.

J'ai un tas de gazettes qui parlent de lui et font circuler ses bons mots corrigés, augmentés et souvent affaiblis. L'opinion est si moutonnière qu'elle commence à mettre sur son compte toutes les pointes d'esprit, tous les marivaudages contemporains, comme elle attribua tous les calembours au marquis de Bièvre et à Carle Vernet.

L'amour des livres et le commerce des hommes célèbres ont fini par lui donner un cachet de sociabilité et de distinction qui manque à la plupart de ses confrères, peintres et sculpteurs ignares, qui s'enflent dans leur spécialité et se montrent à la fois serviles, insolents, ingrats envers la littérature qui a fait les trois quarts de leur réputation, sinon leur réputation tout entière. Si Préault ne respecte pas toujours l'écrivain, si même il lui arrive de le railler ou de le fuir après lui avoir fait de très-beaux compliments, il est certain qu'il aime la plume et qu'il essaye parfois de s'en servir. L'article suivant, tiré d'un petit journal appelé RENAISSANCE, est de lui :

LA STATUAIRE MODERNE

« M. Pradier a eu la main d'un sculpteur, jamais le cerveau.

« L'auteur de *Psyché*, du *Fils de Niobé*, de *Phryné*, de *Sapho*, de la *Poésie légère*, qui fut dans un jour d'inspiration l'auteur des *Renommées* de l'Arc de Triomphe, a peuplé de pendules gracieuses et de statuettes élégantes les boudoirs de nos Aspasies et les petites maisons de nos Turcarets. Il partait tous les matins pour Athènes et arrivait le soir au quartier Bréda.

« M. Rude, toute sa vie, fut un honnête homme. Il eut le grand souffle, le jour où il arracha de la pierre le grand cri de la France révolutionnaire (le *Départ à l'Arc de Triomphe*). Le *Petit pêcheur à la tortue*, la statue en bronze de Louis XIII, qui appartient à M. le duc de Luynes, et la statue en marbre de l'*Hébé* en font un des artistes les plus sains de ce temps-ci. Seulement, ce n'était pas un homme de génie. Il faisait la prose de l'art.

« Pendant cinquante ans, M. David a sculpté toutes les gloires et s'est consacré au culte des héros et des martyrs. Il ne se passa pas un jour sans que son doigt modelât une face auguste. C'était bien à lui qu'il appartenait de conduire les grands hommes aux pieds de la Patrie qui leur tend des couronnes.

« M. David avait l'agitation fébrile du pouce; le cœur restait calme.

« Il a voulu être l'interprète de la grande inquiétude moderne.

« Mais le gouffre de Décius lui aurait donné le vertige.

« Qui n'a pas le sentiment de se donner à tous sans indemnité doit rester coi chez soi ou à l'Académie.

« David d'Angers fut le plus grand sculpteur du siècle, il n'en fut pas le statuaire. »

***

Phrases prises au vol dans la conversation de Préault :

« Il y a des gens d'élite qui regardent les grandes choses en aigles, sans sourciller; d'autres qui ne peuvent les envisager qu'en clignotant.

*
* *

« Les académiciens ne sont pas des artistes, mais des *pions* de collège montés en grade.

*
* *

« La perfection de Phidias est telle qu'il ne reste plus à ses admirateurs serviles qu'à déshonorer sa mémoire et à calomnier son génie.

*
* *

« Le pédant qui vient me faire un devoir d'adorer, d'imiter Phidias, et qui ne le comprend pas lui-même, me fait l'effet de Vidocq me recommandant la lecture de la Bible.

*
* *

« L'artiste est celui qui voit plus grand, plus haut et plus clair que les autres hommes. Voyez-vous cette étoile ? dit-il au vulgaire. — Non ! — Et bien ! moi, je la vois !

*
* *

« On ne discute qu'avec les gens de son avis, et seulement sur des nuances.

*
* *

« Si, dans les arts, l'extraordinaire devient monotone et ennuyeux, rien n'est si bête que le naturel absolu.

*
* *

« Je hais l'inertie, l'ineptie, les platitudes consacrées; j'adore le feu, le mouvement, la liberté et je cherche à m'élever de la boue aux étoiles. Je fais faire sa queue de paon à mon cœur et à mon cerveau. »

Préault est affolé de toutes les choses de l'art et de l'intelligence. Cette seule passion fait déjà de lui un homme très distingué. Il a souvent d'incroyables écarts; mais il n'est jamais ni mou ni banal. Il déploie, pour se défendre contre l'opinion et pour obtenir des commandes, une incessante activité; ses menées sont relevées par un sentiment sincère de prosélytisme qui lui fait plaider involontairement la cause de l'art, alors même qu'il ne croit travailler qu'à son intérêt personnel.

Ce n'est ni la cupidité ni l'amour du luxe qui le poussent à rechercher la faveur de la presse et celle des gens du monde, mais la soif de la célébrité et la prudente ambition d'amasser ce *minimum* qui permet à l'homme intelligent d'exister comme il l'entend, sans avoir à implorer, au moment du déclin, la sympathie et le secours d'un monde dont il connaît à merveille l'aimable férocité. Pendant que bon nombre de ses confrères illustres rêvent honneurs, millions, carrosses et mariages, il ne pense peut-être qu'à saisir un bout de ruban bien mérité et à peupler quelques niches des monuments. Je lui ai souvent ouï dire : « Ce qu'il me faut, à moi, c'est quelques feuilles de laurier dans le pot-au-feu. »

Insouciant de son corps robuste et vivace, il ne sait jamais ni ce qu'il boit, ni ce qu'il mange, ni comment il s'habille; tous ses raffinements sont dans son cerveau. Il buvait un jour coup sur coup plusieurs verres de vin de Chypre, sans s'apercevoir que le vin d'ordinaire avait disparu. Théophile Gautier, affligé de voir maltraiter son vin, lui dit de sa voix douce et lente : « Ah çà ! tu f... ça dans le plomb, toi ! » Les vêtements poudreux, débraillés, boutonnés de travers, la cravate tordue en corde autour du cou, il traverse les rues au pas de course, enflé, rebondissant, ébouriffé comme un chat qui vient de combattre sur les gouttières et qui regagne son gîte, sanglant, couvert de boue, de plâtre, de toiles d'araignée; plein de courage et de fureur.

Il vit célibataire, dans un cinquième étage dont les murs sont tapissés du carreau au plafond de vieilles gravures selon son goût, c'est-à-dire d'un aspect coloré, grandiose, ronflant ou bizarre (les Goltzius les plus musclés, les Rubens les plus apoplectiques, les Albert Dürer les plus pensifs). Il aime encore assez les morceaux animés des maîtres calmes. La *Bataille de Constantin* de Raphaël est accrochée derrière la porte de son couloir, tandis que l'*Adoration des Mages*, la *Descente de Croix* de Rubens, les *Princesses* du Titien, les têtes de la colonne Trajane, le *Triomphe de Venise* de Véronèse, l'*Ugolin* de Reynolds, *Dante et Virgile* de Delacroix, environnent son chevet. Toutes ces images s'agitent dans sa tête, le tourmentent comme des apparitions et lui font jeter des mots entrecoupés. La vue d'un sujet de M. Ingres le rendrait malade. « Si je viens à penser à celui-là, dit-il, pendant que je fais une statue, je la démolis aussitôt. »

Les livres, les brochures, les journaux s'éparpillent sur ses meubles modestes, et il conserve dix ans comme une relique le plus mince écrit dans lequel il aura trouvé deux lignes vivantes à admirer.

Avec de telles habitudes, Préault n'aime pas autant le monde qu'il paraît l'aimer : il le fréquente pourtant avec un incroyable zèle. C'est à peine s'il peut lui rester le temps de faire à la vapeur les ouvrages qui lui sont demandés. Il perd les heures si nécessaires au développement de son instruction et au perfectionnement de son art. C'est la solitude qui fit la grandeur de Michel-Ange ; c'est la constance au travail qui, de nos jours, explique l'abondance de Delacroix et la certitude de Barye.

Il faut, d'ailleurs, avoir une certaine tournure de caractère pour se plaire aux commérages du monde. Un salon est pour l'ambitieux un lieu de conspiration ; pour l'intrigant vulgaire, un rendez-vous de chasse ; pour le sot, une réunion de sommités dont le seul voisinage, fût-il impertinent, lui donne une certaine importance personnelle. Il y a tant de gens qui ne

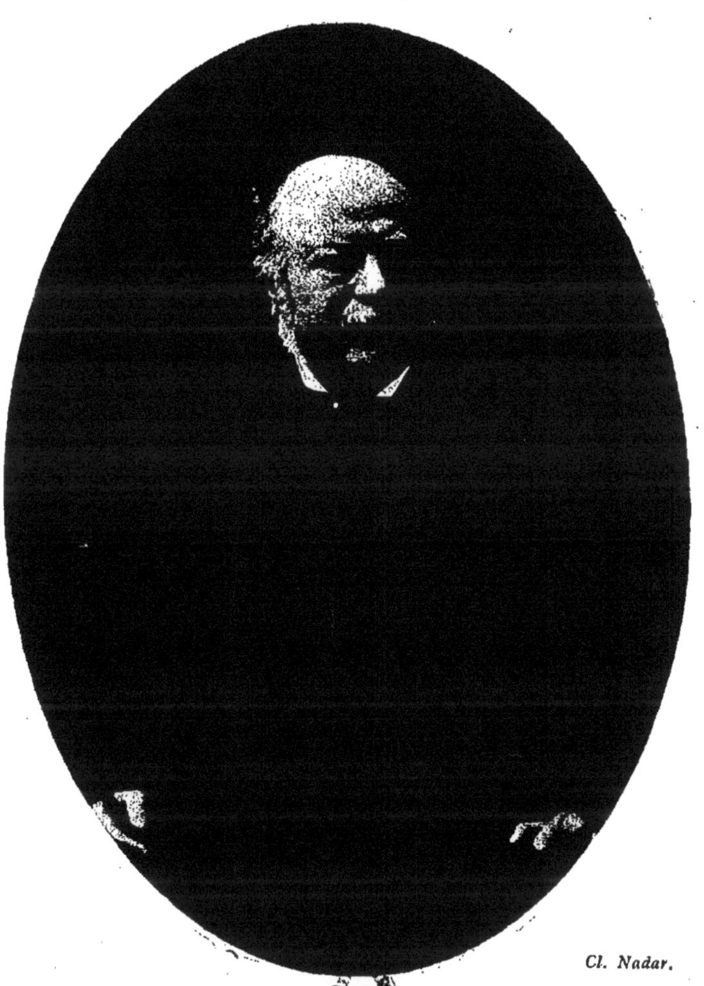

Cl. Nadar.

sont éclairés que par des reflets ! L'observateur ne voit dans ces brillantes soirées qu'une troupe de charlatans, qui rient en dedans les uns des autres et font ensemble des tours sur un tapis; le misanthrope s'y croit égaré au milieu d'élégants bandits; l'artiste y cherche des intelligences à séduire et des hommes puissants à entraîner dans ses projets.

Préault s'exerce à montrer aux gens d'élite l'agilité, la pétulance de son esprit, difficile à comprendre, tant il est décousu; mais intéressant, original, étrange; souvent comique, parfois sanglant. Il appelle M. de Lamartine *un profil d'azur*, M. Ingres *une ampoule*, Couture *une tumeur*, Chevanard *un mancenillier*. C'est ainsi qu'il caractèrise tour à tour ce qu'il a trouvé de vague, de vide, de malsain ou de léthifère dans ces divers talents.

Il sent, effleure, remue, franchit les idées, sans les saisir; il les indique par un seul mot, par un signe. « Je découvre, dit-il, les truffes, je ne les mange pas. » Sa mobilité est celle de l'enfant qui, s'ébattant au milieu de cent joujoux, les prend l'un après l'autre, les mêle, les traîne, les casse, les quitte pour en demander de nouveaux. Il me faudrait entasser les comparaisons, non pour rendre au naturel, la chose est impossible, mais pour faire comprendre tels que je les sens cette humeur tourbillonnante, ce verbe effervescent et précipité qui lance coup sur soup, à bout portant, ses éclairs et ses détonations, avec la promptitude du revolver. Il va si vite que l'on oublie tout ce qu'il dit, même les choses qui vous ont charmé : *verba volant !*

La moindre contradiction l'irrite, le bouleverse et lui fait prendre la fuite en ricanant, comme si des polissons le poursuivaient à coups de pierres. Ah ! si ses yeux étaient des pistolets, le contradicteur serait tué sur place ! La seule présence d'un homme qu'il suppose intelligent et sympathique lui rend le calme et la lucidité. Il est doux, aimable et plein de beaux compliments, quand on lui laisse tout dire et tout faire.

En tenant compte des habitudes romantiques de ces vingt-cinq dernières années, dont il n'a rien perdu; de ses passions naturellement inflammables, des dédains injustes, affectés et persécuteurs du jury des Beaux-Arts, on conçoit ses colères et ses attitudes de porc-épic. On s'explique en même temps l'étourdissement continuel de son humeur par les préoccupations mêlées dans sa vie : il travaille, par exemple, en une même journée, dans ses deux ateliers des rues Vaugirard et Campagne-Première, lit vingt journaux, fouille les porteteuilles des marchands d'estampes, fait trente visites, dîne en ville et va au spectacle. Sculpture, peinture, poésie, histoire, drames, cancans, affaires, dansent la sarabande dans sa tête.

Mais chacune de ces choses a fait dans son esprit une heureuse diversion, au plus fort des douleurs de sa jeunesse d'artiste. Vingt ans, il s'est vu pauvre et dédaigné par l'immense majorité du public, par les gens d'administration et d'Académie qui n'ont eu si longtemps pour lui que « des têtes de bois », et qui, en repoussant pour ainsi dire sans les regarder ses sculptures de tous les Salons, le réduisaient à la nécessité de les briser et de les faire porter par tombereaux au fond des carrières. Il a pensé plus d'une fois, dit-il, à noyer ses chagrins dans la Seine. Voilà comment il s'est accoutumé, par façon de soulagement, à rire jaune, à railler et à piquer. Mais il a conservé comme un feu sacré l'amour des belles choses et le culte des grands hommes : il déchire l'écorce et respecte le fruit.

Ce qui l'a beaucoup adouci et consolé, dit-il, c'est la familiarité des Lamartine, des Michelet, des Quinet, des Alfred de Vigny. Leur conversation lui a donné de grandes jouissances intellectuelles. Le plaisir qu'il trouvait déjà dans ses lectures et dans ses propres idées lui eût fait oublier sa faim elle-même.

Auguste Préault est né à Paris le 6 octobre 1809, de petits artisans du Marais. Après les rudiments, il quitte le collège Charlemagne pour entrer chez un sculpteur ornemaniste où il s'ennuie et ne fait rien. Il prend des leçons de modèle vivant chez Suisse et chez Boudin avec les derniers élèves de David, sans goût, sans zèle, et tombe dans un *spleen* de quatre ans d'où le peintre Jeanron vient le tirer en l'emmenant avec lui au milieu du camp romantique. Le *Massacre de Scio* de Delacroix et la *Locuste* de Sigalon produisent sur lui une impression profonde et inaltérable; mais la sculpture moderne qui, dit-il, fait des masques au lieu de visages, et en guise de corps des mannequins recouverts de draperies dont les plis droits ressemblent à des queues de billard, ne lui inspire que du dégoût.

M. David d'Angers le reçoit dans son atelier et le renvoie sous prétexte qu'il corrompt les élèves par ses tendances désordonnées et par sa répugnance pour l'étude. C'est alors qu'il devient l'ami du sculpteur Antonin Moine.

Antonin Moine, de Lyon, était une nature ardente et souffreteuse; pleine à la fois de poésie, d'élégance et de réserve. Sa fierté ne se trahissait guère que par les éclairs de ses yeux noirs, et son grand front fuyant indiquait bien sa propension rêveuse et son exaltation catholique. Il avait eu des travaux à faire pour l'État; il lui fallait une plus grande tâche, mais la nécessité de faire quelquefois antichambre blessait sa dignité; l'indifférence d'un ministre le navrait; le moindre refus le mettait au désespoir.

Il n'avait commencé la sculpture qu'à l'âge de trente-quatre ans, et il est mort encore jeune. Les meilleurs ouvrages qu'il nous ait laissés sont des médaillons de plâtre très-finement modelés, le bénitier de l'église de la Madeleine, un bas-relief de cavalier dont le cheval s'abat, et quelques statuettes dont la plus jolie est celle de Mme Malibran.

Son style ne brillait que dans les ouvrages de moyenne et de petite dimension et ne se ressentait que trop des manières polies, tièdes et correctes que l'artiste avait prises dans le monde, et vous savez à quel point le commerce du monde est énervant.

Préault fit la contre-partie du talent délicat de Moine.

Il me disait un jour : « Moine est la femelle; je suis le mâle. »

La querelle romantique était dans toute sa violence. Le sculpteur lyonnais fut prôné, malgré sa douceur; Préault, son meilleur ami, essaya près de lui avec une exagération toute particulière ses premiers travaux, notamment cette grande *Tête de Juif arménien*, qui fut remarquée au Salon de 1833 et qui depuis a reparu dans d'autres exhibitions; il s'enthousiasmait en même temps pour les œuvres de la littérature nouvelle. Les *Iambes* d'Auguste Barbier l'enivrèrent comme des liqueurs fortes.

La jeunesse semblait triompher sur toute la ligne. En sculpture, les mannequins de Cartelier, les mièvreries du baron Bosio et les froides allégories de Cortot n'avaient plus autour d'elles que les derniers classiques et les tristes lauréats de l'école de Rome : Ramey, Duret, Dumont, Lemaire, Petitot, Seurre, Simart, Ottin, de Bay, Gatteaux et tant d'autres utilités officielles dont les œuvres affligent les regards du public au milieu des jardins et des monuments de la France. Le plus habile à beaucoup près d etous ces résurrectionnistes de l'art grec, c'était Pradier.

Dans le camp des novateurs luttaient Barye, le plus fort de tous, Antonin Moine, Préault, Maindron, Feuchère, Marochetti, Chaponnière, Gechter, Foyatier, Klagmann, Duseigneur, Daumas, Triquetti et Mlle de Fauveau.

David d'Angers et Rude, deux personnalités solides, savantes, au lieu de suivre résolument le flot de la vie moderne, restèrent encore en arrière, les yeux fixés sur les Grecs et les Romains. La discorde éclaircit les rangs du parti romantique; le parti opposé sut mettre à profit ces divisions et se fortifier par quelques alliances équivoques.

Le roi Louis-Philippe était monté sur le trône au beau moment pour faire refleurir les arts. Tandis que les vieillards de l'Institut *empaillaient* Phidias en récitant des phrases de Winckelmann, les jeunes gens montraient les sentiments les plus libres, les plus chaleureux, et cassaient les vitres de l'école. Cette génération, quoique maladive, eût produit de belles choses sous la protection d'un prince animé de ces vastes désirs qui ont poussé à l'immortalité les Mécènes, les papes, les empereurs de la Renaissance et le roi Louis XIV.

La création du musée de Versailles est là pour nous prouver sinon le bon goût au moins la bonne volonté de Louis-Philippe. L'idée était éminemment française; mais de quelle manière l'a-t-on appliquée? Sauf de rares et respectables exceptions, ces peintures me semblent autant de papiers peints à quinze sous le rouleau.

M. Ph. de Chennevières, inspecteur des musées de province, a cité quelque part cette singulière opinion du roi sur M. Alaux, de l'Institut, un de ses peintres favoris : « Alaux peint bien et dessine bien; il n'est pas cher et il est coloriste. »

Une autre cause, qui n'a pas peu contribué à l'affaiblissement, puis à la défaite des romantiques, c'est cette vanité folâtre que n'ont pas connue les grands hommes des grands siècles. Les romantiques voulaient, sans éducation professionnelle, sans efforts, créer, faire parler d'eux. Le moindre des élèves de Gros avait la recette que voici :

L'artiste qui veut faire un bon début au Salon d'exposition ne manquera pas d'y lancer un *pétard*, c'est-à-dire un ouvrage outré. Le public tournera les yeux sur lui, et, dès ce moment, l'artiste déjà connu n'agira plus qu'avec prudence.

On n'échappe guère aux influences contemporaines. Préault, l'ambitieux, l'imprudent Préault, se signala par la hardiesse, disons plus, par l'extravagance de ses premières esquisses à l'Exposition de 1833 : *la Misère*, groupe en terre cuite, qui représente une jeune fille expirant dans les bras de sa mère; *l'Agonie du poëte Gilbert; la Famine*, bas-relief colossal; le buste de Gabriel Laviron, mort depuis sur les murs de Rome assiégée, et une douzaine de médailles de bronze.

Préault, vivement attaqué et vigoureusement défendu par

les journaux, prit rang parmi les sculpteurs. On apercevait en lui un artiste encore ignorant emporté par l'ardeur des passions, mais plein de promesses. Il fut question de lui confier l'exécution d'un bas-relief à l'arc de triomphe de l'Étoile. Des amis, tout en faisant son éloge, conseillèrent à M. Thiers, alors ministre de l'Intérieur, de lui laisser le temps d'étudier. M. Thiers montrait déjà les meilleures dispositions aux jeunes gens de talent et à quelques artistes déjà mûrs : il protégeait chaudement Eugène Delacroix et Sigalon. Je n'ai jamais pu comprendre son engouement pour MM. Étex et Ziégler.

Préault envoya au Salon de 1834 deux médailles d'*Empereurs romains*, l'un vieux et l'autre jeune; une *Tête de juif arménien*, déjà mentionnée; le groupe des *Parias* et la *Tuerie*, grand bas-relief. Tout cela fut mis à la porte, excepté la *Tuerie* qui, sur l'avis de Cortot, devait rester exposée au Salon — comme un malfaiteur accroché au gibet — et effrayer le public sur l'avenir de l'école nouvelle, qui n'avait pas encore poussé le désordre si loin qu'elle le faisait cette fois.

La médaille du vieil empereur est d'un caractère monumental. L'effet de la puissance illimitée unie à la débauche crapuleuse et terrible est poussé à bout dans la physionomie de cet auguste monstre. Les chairs huileuses de sa face s'enflent et pendillent. Les plis relâchés de son cou sont comme des fanons de taureau. Cette bouche gloutonne, dont la lèvre inférieure avance en forme d'écuelle, reste entr'ouverte et au repos. Le Minotaure digère. Une couronne de lauriers immense, exagérée comme le sont tous les accessoires décoratifs de Préault, ombrage son front.

Quelques parties du modelé de cette figure se jettent de travers; mais elle est, en somme, d'une exécution hardie et très-vivante.

La *Tuerie* est un bas-relief en bronze dont l'aspect vous donnerait le cauchemar. C'est surtout dans cette composition qu'il faut reconnaître tout de suite les défauts et les qualités extrêmes de l'artiste. C'est une mêlée de personnages qui s'égorgent, se déchirent et hurlent. On n'y démêle tout d'abord que des mains crispées, des torses inégaux, escarpés, des bouches béantes, des chevelures hérissées ou flottant comme des flammes poussées par le vent. A gauche, un nègre hideux et colossal, les lèvres relevées par la rage, les dents à l'air, semble vouloir dévorer le jeune enfant qu'une forte femme, une façon de Médée, porte sous son bras. Elle se pécipite follement sur lui, tandis qu'une autre main convulsive serre le scélérat à la gorge. A droite, un homme athlétique tombe et meurt, frappé en pleine poitrine d'une blessure qui reste pour ainsi dire ouverte à deux battants. Dans le fond et vers le milieu de la scène, une espèce de chevalier maigre, farouche, impassible, préside à l'égorgement. Je ne sais, en voyant ce chef-d'œuvre manqué, quelle diablerie et quel vertige ont emporté la tête et la main de l'auteur.

Inutile d'examiner en détail le style de cette noire rêverie en bronze, s'il est vrai que le bronze puisse exprimer les rêves. Il est aussi difforme, aussi monstrueux qu'émouvant. L'influence de Rubens y est partout sensible; le métal y prend en certains endroits la souplesse de la chair : les bouches crient, la chair tressaille et palpite. Tout cela est un pêle-mêle : ici, les membres s'accumulent; là, s'ouvrent des vides à combler; partout les lois de l'équilibre et de la proportion sont violées. Par l'élan, la passion, le mouvement, l'enflure et l'insanie, mêlées dans cette improvisation, Préault appartient pour ainsi dire à la race des tribuns. M. Eugène Delacroix, par la noblesse et la grandeur de ses inventions, continue les poëtes; M. Horace Vernet, par la rapidité de ses ouvrages et la légèreté de son esprit, est un vaudevilliste, et M. Ingres, par la froideur et la stérilité de ses imitations, est un scoliaste.

Préault perd le sentiment de la forme à force de courir après l'expression. Son égarement parut incontestable au Salon de 1834, où le jury repoussa tous ses ouvrages : l'*Ondine*, statue de grandeur naturelle, la *Rivière des Amazones*, la *Reine de Saba*, figures colossales, le vilain *Buste de Galéas Visconti* et une *Femme couchée* sur une pierre tumulaire. Il se jeta dès lors dans des sujets impossibles et s'efforça de traduire en terre glaise des pièces de vers, des impressions fugitives, des songeries creuses. Le jury, la direction des Beaux-Arts le mirent à l'*index*, au lieu de le ramener dans la bonne voie par de salutaires encouragements. On lui laissa casser et jeter dans la banlieue la majeure partie de son bagage méprisé. Il rentra désespéré dans son atelier où des amis lui apportèrent de banales consolations. La misère et l'orgueil le rendirent aigre, insolent, et il se mit à pétrir chaque semaine en vrai fou un grand modèle pour la décoration des jardins.

Au Salon de 1836, sa statue de Charlemagne fait rire le jury qui dit : « Je ne comprends pas ! — Si l'auteur était là, répond M. David d'Angers il nous expliquerait peut-être ce qu'il a voulu faire ! »

De 1838 à 1848 Préault retombe dans la foule des artistes bohêmes; pauvre marin sans boussole ! C'est dans cette période de tourments qu'il fait les figures de *Flavie*, de *Carthage*, les mauvais bustes de Lesage, de Marivaux, de Diderot et de Sedaine, le Crucifix de Saint-Gervais et la statue de Clémence Isaure (1) que l'on voit au jardin du Luxembourg. Le Christ sculpté en bois de chêne, de grandeur naturelle, était destiné à Saint-Germain-l'Auxerrois : le curé le repoussa de son église en disant : « Ceci n'est pas le Christ, c'est le mauvais larron qui a bu du vitriol. » Il voulait voir dans ce Crucifix l'Agneau divin mourant pour le salut du monde et non pas un supplicié hurlant et pantelant. C'est au contraire par l'animalité de la douleur que l'artiste a tâché de rendre sensible à tous les yeux le sacrifice du Calvaire.

Le Christ fut présenté à l'église Saint-Paul, au Marais : on

(1) Clémence Isaure, la prétendue fondatrice des *Jeux Floraux*, n'a jamais existé. Voici l'origine de cette fable réduite à rien dans ces derniers temps par le docteur Noulet : De petits pédants de Toulouse, qui avaient coutume de se réunir le dimanche dans un *barri* ou faubourg de la ville pour lire des vers, sont les inventeurs du mythe de Clémence et les fondateurs de l'Académie des *Jeux Floraux*.

le repoussa. L'artiste, exaspéré, le fit admettre à Saint-Gervais par le curé qui se mourait, en lui disant avec beaucoup d'esprit et d'amertume : « Monsieur, vos confrères ont chassé deux fois Notre-Seigneur; recevez-le, je vous prie, sinon je me fais mahométan ! »

On plaça le Christ à perte de vue au fond d'une chapelle. L'artiste donna l'ordre à quelques ouvriers de le descendre secrètement. Son trouble pendant cette opération était tel que, pour se donner une contenance, il se mit à lire du premier au dernier mot un *Catéchisme* oublié sur un banc.

Il y a de très-belles parties dans le Christ de Saint-Gervais, vu à rebours de l'ascétisme chrétien : le mouvement de la tête qui se jette violemment en arrière, l'inflexion hardie des bras étirés. Le poids du corps qui semble faire plier les clous, la bouche qui pousse le dernier soupir, la poitrine qui râle et se dégonfle par sa blessure d'un flot de larmes et de sang.

Ah ! Jésus, souviens-toi du jardin des Olives :
Dans ta simplicité tu priais à genoux
CELUI qui dans son ciel riait au bruit des clous
Que d'ignobles bourreaux plantaient dans tes chairs vives !
Lorsque tu vis cracher sur ta divinité
La crapule des corps de garde et des cuisines,
Et lorsque tu sentis s'enfoncer les épines
Dans ton crâne où vivait l'immense Humanité;
Quand de ton corps brisé la pesanteur horrible
Allongeait tes deux bras distendus; — que ton sang
Et ta sueur coulaient de ton front pâlissant;
Quand tu fus devant tous posé comme une cible;
Rêvais-tu de ces jours si brillants et si beaux
Où tu venais remplir l'éternelle promesse ?
Où tu foulais, monté sur une douce ânesse,
Des chemins tout jonchés de fleurs et de rameaux ?
Où, le cœur tout gonflé d'espoir et de vaillance,
Tu fouettais tous ces vils marchands à tour de bras,
Où tu fus Maître, enfin ?... Le remords n'a-t-il pas
Pénétré dans ton flanc plus avant que la lance (1) ?
. . . .

(1) Charles Baudelaire. *Les Fleurs du mal.*

A cette question du poëte, ce Christ répond : « Oui, je meurs désespéré d'avoir sitôt perdu l'empire du monde par ma douceur et ma miséricorde. J'ai laissé tomber mes verges, et les vils marchands sont rentrés dans le temple ! »

L'exécution du Crucifix de Saint-Gervais est âpre, heurtée; mais l'expression fait oublier les vices de la forme. C'est déjà quelque chose que d'avoir su faire jaillir la vie, la passion d'un morceau de bois.

Depuis la révolution de février 1848 jusqu'à présent, Préault a fait assez bon nombre de travaux : le *Christ en bronze* de l'église des Ternes, *le buste de l'abbé de l'Épée*, celui *de l'abbé Liautard*, gardé par deux anges qui rêvent et pleurent dans une attitude où la foi religieuse du moyen âge est mêlée à la mélancolie de nos jours; la belle *statue de Marceau;* le masque funéraire de la *Douleur*, le *Cheval et le cavalier gaulois ;* la *statue de Mansart*, excessivement maniérée; la *statue d'Aristide Olivier*, une aberration; la figure inachevée de *Le Nôtre*, qui sera, je crois, d'un assez bel effet décoratif, et deux groupes ronflants de génies, qui élèvent dans les airs des palmes et des couronnes, au sommet des nouveaux pavillons du Louvre, en face du Palais-Royal.

« Un art nouveau viendra, dit M. Michelet (1), que personne n'ose hasarder, *la sculpture des colosses au grand jour, à ciel découvert, bravant la lumière, les climats et le temps.* Notre grand et illustre maître David d'Angers y a songé parfois, par exemple dans le *Condé* de Versailles, fait pour le pont de la Concorde; M. Rude y a songé dans son sublime *Départ de 92* qui est à l'Arc de Triomphe. Ni l'un ni l'autre pourtant n'a osé être assez grossier, assez peuple. Et pourtant ces fortes ébauches, quand elles sont savantes et profondes, comme le *Jour* de Michel-Ange, ce n'est pas seulement la sculpture forte, mais c'est la sculpture éternelle. —Un essai unique en ce genre, le *Gaulois* de Préault, durera des

(1) *Histoire de France*, tome VII. La Renaissance, pages 323 et 324.

siècles, lorsque ses voisins du pont d'Iéna auront disparu depuis longtemps. Inutile de dire que cette œuvre hardie a été universellement critiquée. Le public ne veut, dans les arts, que les procédés de la miniature. Il a comparé ce colosse aux très-fines sculptures qui ornent le pont. Il a trouvé mauvais le cheval primitif de la Gaule chevelue, engorgé encore de l'humidité des marais, des grandes forêts. Il a trouvé étrange que cet hercule barbare, le *miles gloriosus* de l'antiquité, ne fût pas un lancier du dix-neuvième siècle; il a regardé de près une figure faite pour être vue du Champs-de-Mars, la plus vaste place du monde, figure en lutte avec un infini d'espace et de lumière. »

C'est fort bien dit; mais il ne faut pas se payer de mots, sous prétexte d'imagination, ni exalter nos amis précisément à cause de leurs fautes. Le public a trouvé mauvais ce cheval *engorgé encore de l'humidité des marais*, et le public avait raison. Que faire d'un cheval aux membres engorgés? Il faut l'abattre. Ce cheval, d'ailleurs si court, si ensellé écraserait le cavalier d'un bond entre sa croupe et son encolure. Aussi le *miles gloriosus* a bien fait de rester à pied. M. Michelet fait observer avec justesse que les grands ouvrages de l'art ne veulent pas être regardés de près; les statues gigantesques ne sont pourtant pas faites pour être vues au télescope à travers *un infini d'espace et de lumière*. Si, de loin, la tournure de Michel-Ange nous frappe, de près, sa science nous frappe encore davantage. L'artiste réclame les grands espaces pour deux raisons bien différentes : il veut donner carrière à son génie décoratif ou bien noyer ses défauts dans les profondeurs de l'atmosphère, et Préault en est souvent réduit à ce dernier expédient.

Ce qui lui manque, ce n'est ni l'énergie, ni le nombre, ni la noblesse des désirs; c'est le savoir et le sang-froid. Il travaille par boutades, avec une rapidité qui résulte plutôt de l'excitation des nerfs que de l'agilité et de la certitude. Quand une difficulté l'arrête, il s'emporte et sa main devient meurtrière comme celle d'un sabreur au fort des mêlées. Il casse des côtes, des clavicules, des bras et des jambes; arrache des yeux et brise des crânes. C'est le Murat de la sculpture.

Les maîtres sont plus forts et plus calmes. Un exercice constant, un savoir immense, une froide lucidité guident ces artistes vénérables. Chez eux, les passions les plus terribles se taisent à l'heure du travail et dorment dans leur âme comme des dogues enchaînés. Aussi leurs ouvrages, tant médités, ont-ils subjugué le monde, bravé les caprices de la mode et les outrages des siècles.

Voilà, je le répète, ce qui manque à Préault : une patience soutenue. Son intelligence a des éclairs, des foudres et des coups de vent; son exécution est pleine de vie et aussi de désordre et d'enflure. Son talent, enfin, ressemble à son corps robuste et bien fait, comme celui du Faune; mais terminé par une tête affolée, une tête de Borée.

Malgré ces faiblesses, ces inégalités, ces troubles, je vois en lui un artiste original, de bonne race, digne des encouragements de l'État. L'élévation de ses idées s'est toujours manifestée et par le choix des sujets et par quelques parties de l'exécution : la tête de Marceau exprime l'héroïsme et la douceur de ce jeune homme qui garda la pureté naïve de son âme au milieu des excès de la Révolution française; qui, par sa mort si prématurée, remplit de deuil la grande armée de Sambre-et-Meuse et le camp ennemi, et dont les sentiments innocents, sublimes, se traduisent par ces paroles : « Vous me parlez de mes lauriers, vous voulez que j'aille les déposer sur vos genoux, vous, ma bonne sœur, si sensible et si aimante ! Ces lauriers vous feraient horreur, ils sont teints de sang humain. »

THÉODORE ROUSSEAU

Il était solidement bâti, plutôt grand que petit, et d'un tempérament nervoso-sanguin, dominante nerveuse. Jeune homme, il ressemblait à un taureau noir du Jura, pays de ses parents, fait pour la prime et pour la lutte. Homme mûr, il prit dans le travail sédentaire des formes pleines et rondes. Nature extrêmement ouverte, avenante et gracieuse, il respirait l'honnêteté. Une certaine raideur dans l'attitude et quelque dogmatisme dans la parole étaient aussi les fermes expressions de sa dignité personnelle; car il tenait à cette fière gravité qui prouve l'estime de soi-même et sait imposer au vulgaire les droits naturels du génie. Au milieu de nos prétentions égalitaires, d'une pauvre familiarité, il poussait jusqu'au sérieux sacerdotal, sans nul pédantisme, le respect de sa personne et de celle d'autrui. Dans l'intimité, sa bonhomie était gaie, spirituelle et généreuse.

Sa tête, amplement faite, était pleine d'intelligence et de résolution. Son visage, d'un ton sanguin très surexcité dans ces derniers temps, rougissait par délicatesse froissée ou s'empourprait d'irritation. Ses grands yeux noirs, d'une insatiable avidité pittoresque, et comme stupéfiés par la contemplation, voyaient, écoutaient et parlaient à la fois, dévorant l'interlocuteur, les objets et l'espace. Quand il était impressionné, ses émotions se trahissaient par une fébrilité générale du maintien et du geste, par l'intensité du regard et par un battement accéléré des paupières.

Les sourcils, haut arqués et toujours immobiles, étaient un signe particulier de sérénité, au plus fort de l'agitation de ses sentiments. Le front, assez vaste, n'avait ni rides ni froncements, ni aucun de ces reliefs excessifs qui nous frappent chez quelques hommes extraordinaires : penseurs, fouilleurs d'âmes, sondeurs d'abîmes, tels que Dante, Michel-Ange, ou seulement Eugène Delacroix. Ses traits, dès le moment surtout où la mort les eut précisés et ennoblis, étaient à peu près ceux de Shakspeare. Il rappelait encore, par sa chevelure annelée et sa barbe robuste, quelques médailles gallo-romaines. On admirait le globe de ses yeux si volumineux, si bien enchâssés, d'un éclat fiévreux et humide. Il avait la main élégante et belle, aux mouvements vifs, délicats, cauteleux en tâtillons; le pied petit et sec du coureur de bois et de rochers.

Placé dans un milieu sympathique, à une bonne hauteur, il aimait à parler et à discuter sur la nature et les beaux-arts, ses deux adorations perpétuelles. Une fois qu'il prenait la corde de la conversation, il ne la perdait plus. Ingénument et ingénieusement volontaire, il tenait à faire toujours plaisir; mais, si l'on venait à le contrarier, il pouvait tourner à l'avocat, au sermonaire et même au dictateur, imposant ses idées justes pour lois, et ses erreurs pour Évangile.

Toute objection lui semblait hérésie, toute résistance, révolte : « La seule chose au monde que je ne puisse souffrir, disait-il peu de jours avant de mourir, c'est qu'on me tienne tête. » Ses convictions aussi vigoureuses et aussi rigoureuses que des émanations de l'infaillibilité papale, lui donnaient l'accent de l'apostolat et le sceau de l'autorité. L'art étant pour lui la racine, la fleur et le fruit de la vérité, fortifiait l'artiste dans l'heureux sentiment de sa propre excellence.

Parfois, malgré la rectitude ordinaire de son jugement, il soutenait l'impossible à force de maximes, d'analogies, de formules et d'arguments. Congestionné d'idées, débordant de sensations, il voulait tout exprimer de la façon la plus saisissante. Aperçus neufs, saillies imprévues, vives images, dilemmes tranchants lui venaient par poussées. Son effervescence, sa hâte, son trouble, se compliquant d'un défaut de langue qui lui faisait manger de la bouillie, il trépidait d'impatience avec des gestes d'une émouvante fébrilité, son teint s'allumait, ses traits se gonflaient et sa tête dodelinait.

Son esprit, un moment confus et ébranlé, mais subitement débrouillé par quelque illumination, reprenait sa fermeté, son élan, et vous mitraillait de raisons. Nature, art, poésie, il invoquait tout, se faisait arme de tout, même de la statistique, qu'il manœuvrait comme voici : « L'École française a obtenu, cette année, quatre grandes médailles d'honneur au grand concours international. Supposez une exposition universelle à Paris tous les douze ans, comme en 1855 et en 1867 : il n'y aura que seize de ces médailles remportées en cinquante ans. Celle que je viens de recevoir est donc un seizième de l'honneur de l'art français en un demi-siècle. » Dans ses tirades les plus emmêlées, les plus subtiles ou les plus nébuleuses, dans les plus informes ébauches de sa pensée, il y avait toujours du bon, du vrai et du beau.

Si, après avoir manqué son discours, il le reprenait le lendemain, ayant revu son dossier en avocat ou repassé la carte de ses opérations en tacticien, c'était le plus clair, le plus nerveux et le plus rusé des orateurs, et toujours d'une immuable ténacité. Que ne dit-il pas un jour pour prouver, je crois, que les parallèles se rapprochent vers l'horizon quand on a le soleil derrière soi ! Millet, tête forte, mais caractère affectueux et conciliant, se résigna, pour ne pas suffoquer un ami, à ce renversement exigé des lois naturelles; mais il récitait finement à voix basse ce passage de Montaigne : « *Je ne déteste pas d'être repris, pourveu qu'on n'y procède point d'une trogne trop impérieusement magistrale.* »

Un conseil assemblé n'aurait pas eu, d'ailleurs, sur l'heure, la moindre concession de Théodore Rousseau; mais il revenait vite et généreusement d'une méprise ou d'une erreur trop obstinément soutenue, le fond de son caractère étant la bonté, la loyauté et l'indépendance. Quelques invités du château de Compiègne peuvent se souvenir de la respectueuse fermeté qu'il mit à glorifier Hobbéma et Michel-Ange contre des personnages de la cour. Il osa même dire à l'Impératrice : « A mon humble avis, Votre Majesté fait trop d'honneur à quelques-uns de nos contemporains, célèbres dans les lettres et les arts. En aucun temps, en aucun pays, pas plus au ciel que sur la terre, le génie de la femme n'égale le génie de l'homme. Madame Raphaël, Madame Rubens et Madame Rembrandt n'ont jamais existé. »

Blessé dans sa fierté personnelle ou atteint dans son œuvre, il restait calme, silencieux, irrité. Il pardonnait peut-être, mais il n'oubliait pas. Si le jury académique du règne de Louis-Philippe, qui l'a proscrit, et la surintendance des Beaux-Arts de l'Empire, qui l'a offensé, se retrouvaient face à face avec lui dans l'autre monde, je doute qu'il leur fît bon accueil. J'ai, à leur sujet, entendu et fixé ses véhéments réquisitoires. Méprisant les richesses, fuyant les plaisirs frivoles, et capable de réduire sa vie au plus strict nécessaire, il ne souffrait ni un caprice officiel, ni un déni de justice affecté. Il aimait les éloges parce qu'ils sont, après tout, les formes de l'enthousiasme et du respect, même sur les lèvres de l'envieux et du menteur; mais il n'était pas homme à faire une courbette vile, ni à courir sottement après les honneurs.

Lorsque, à la requête d'un homme éminent et juste, il obtint sa dernière récompense par décret spécial de l'Empereur, ce vaillant homme était brisé. Mais, bien au-dessus des vanités humaines, il ne pensait plus qu'aux forêts, qui versent la paix dans l'âme du solitaire; qu'aux bruyères sauvages, où l'on dort au soleil, et au grand air des champs, qui rend au corps ses forces et à l'esprit ses ailes. « Les distinctions honorifiques, disait-il, sont peut-être naturelles; les vaches suisses, portant à leur cou des sonnettes, en sont si fières que, si on enlève à l'une d'elles son collier pour le mettre à une autre, elle meurt. »

Malgré l'incontestable supériorité de son intelligence et la rare énergie de son caractère, Rousseau était un homme extrêmement sensible et vulnérable. Il semblait cuirassé d'un certain stoïcisme et il recevait, à travers, tous les coups, en plein cœur. Mais sa fermeté était à toute épreuve quand son génie et son œuvre se trouvaient mis hors de question. Alors, seulement alors, c'était un ancien, un vrai disciple de Zénon, bravant la douleur ou la niant avec la plus mâle constance. « Comment vous trouvez-vous, lui demandai-je, un de ces derniers jours? » — « Bien », dit-il d'une voix brisée par la souffrance, et le sourire sur les lèvres. « Ah! que vous souffrez », ajoutai-je — « Oui », fit-il faiblement. Mais ce « oui » presque éteint semblait de sa part un aveu surpris et regretté. Son idée fixe était : « Un homme tel que moi ne doit jamais faiblir. » Dans l'intervalle de ses crises, il avait des mots gais, de fortes paroles, ou de touchantes ingénuités. La jeune personne qui le soignait, ayant répandu quelques gouttes de potion sur sa barbe : « Les mères, dit-il, savent, au moins, donner à boire à leurs enfants! »

Comme tous les vrais artistes et tous les vrais écrivains, Théodore Rousseau n'était lui-même qu'un enfant, dans toute l'innocence et toute l'intrépidité du génie; plein de bonté avec les hommes, de grâce avec les femmes et de charme avec les enfants. Les enfants! il se plaisait tant à les prendre sur ses genoux et à coqueter avec eux! Mais, comme Eugène Delacroix (1), il aurait frémi de les voir sur le seuil de son atelier. Il aimait ses amis de l'amitié intellectuelle, la seule sans intérêt vil et sans grimace sentimentale.

(1) Voir *Appendice II*.

Confident sûr, bon conseiller, n'offensant personne, il savait panser les cœurs blessés, réconforter les âmes défaillantes et secourir les malheureux. « Déjà tout enfant, à Auteuil, il avait ses pauvres », m'a dit son vieux père, cœur généreux jusqu'à l'imprévoyance, qui lui donna de très bonne heure sa charité, ses mœurs de pélican. Il avait des manies, des travers. Qui n'en a pas. Sa bonne foi, son enthousiasme, son détachement de tout, hormis de l'art et de la gloire, faisaient tout passer. On l'admirait et on l'aimait.

On ne lui connut pas un vice, pas même une sensualité : il n'aime quelquefois la table que pour y réunir des amis causeurs. Les mets raffinés allaient moins à son appétit qu'à la délicatesse compliquée de son imagination. Un temps, il s'était amusé avec un amateur à faire une espèce de poétique de la cuisine, qu'il résumait en deux mots : le feu et le sel. « Bien mener ces deux éléments, voilà, disait-il, le secret de l'art. » Quant à lui, ce qu'il préférait à tout festin, c'était un repas sur le pouce, à la Sancho. En mangeant un morceau de pain et une pomme, il s'imaginait aussi communier avec la nature primitive sous ces deux espèces : le grain de la terre et le fruit de l'air.

Jusqu'à quarante ans passés, il vécut dans l'étude et la contemplation, à Paris, dans ses environs, ou dans les plus belles contrées de la France, plus persévérant qu'un moine, plus mystérieux qu'un alchimiste et vierge comme Newton; dédaignant la femme, malgré sa robuste virilité; n'ayant de tendre souvenir que pour sa mère, belle personne intelligente et douce, morte comme il est mort, après la cinquantaine, d'une décomposition cérébrale, et dont il était tout le portrait. Le sentiment qui, sur le tard, l'avait entraîné à prendre femme, fut seulement cette bonté protectrice d'un être fort pour un être faible, et qu'il portait à l'excès. Il vit cette femme, malheureuse, confiante en lui, et, sans qu'elle fût ni aimable, ni intelligente, ni forte, ni belle, il l'aima comme un être sorti de ses propres entrailles, et la mit à sa propre hauteur.

Malgré sa sociabilité, son expansion et son génie, qui lui ont fait de vives amitiés et d'ardentes admirations, ce grand artiste n'appartenait réellement qu'à l'étude et à la solitude, ces deux sœurs de force et de paix : il se suffisait à lui-même par la pensée et par la création, comme un petit Bon Dieu; passant des soirées entières, toute une saison, étendu sur un divan, la tête pensive et renversée à caresser son perroquet comme Jupiter caresse son aigle; ne sortant plus pour ne pas épuiser à quelque banalité sa force et son intelligence.

Cette réclusion volontaire, cette immobilité prolongée enflammaient son sang et sa tête. En vain lui prêchait-on le mouvement, il répondait que le travail du cerveau remplace la gymnastique, l'hygiène, et dispense le corps de toute activité. Plus jeune, il était pourtant le plus infatigable des marcheurs. Avec un pain et un double litre de lait, il allait deux jours sans s'arrêter, de l'aurore à la nuit. Mais après avoir amassé tant d'éléments pittoresques en pleine nature, il voulait faire son œuvre dans un coin « comme un ver à soie ».

Théodore Rousseau aimait l'humanité, bien que l'homme lui semble un être inutile ou nuisible, à tel point qu'on ne le voit presque jamais figurer dans ses paysages, à moins qu'il ne s'y trouve peint comme un prétexte et sous l'aspect enfantin d'un joujou meublant. Sa vive sympathie s'étendait même à tous les êtres, confondant par moments, comme à son insu, la vie humaine, la vie animale et la vie végétative, et capable de trouver de fort belles choses à dire pour prouver que son perroquet l'entendait, le comprenait ou le devinait du haut de son perchoir.

Tout ce qui respirait ou semblait respirer, tout ce qui souffrait ou paraissait souffrir l'intéressait et l'agitait. Le moindre mouvement du plus chétif des êtres était un drame.

Quand un animal, même nuisible, se trouvait menacé ou seulement dérangé par la main de quelqu'un, il se répandait en imprécations éloquentes. Il se gênait beaucoup en prenant ses repas pour ne pas effaroucher les faucheux ou araignées rustiques en promenade sur sa nappe, semblait reconnaissant à ces bestioles de venir ainsi lui faire compagnie, les prenait sous sa protection en hôte véritablement ému; participant ainsi de la tendresse universelle de saint François d'Assise qui disait : « Ma sœur ! » à l'hirondelle et de la sensiblerie d'un bourgeois parisien, qui donnerait la vie d'un régiment pour sauver celle d'un serin.

Aimant les arbres comme des êtres vivants, peut-être davantage, il voyait dans les inflexions et les contorsions de leurs branches autant de gestes expressifs ou de convulsions douloureuses, et prenait le bruissement du feuillage pour une chanson ou un gémissement. Il prêta des discours étonnants aux chênes foudroyés, aux charmes abattus ou ébranchés par les forestiers, plus remué que Schiller dans *Guillaume Tell* :

Guillaume: «Mon père, est-il vrai que là-bas, sur cette montagne, les arbres saignent quand on les frappe de la cognée ? »

Walter : « Oui, mon fils, leur sang coule comme le nôtre; mais quand un homme leur a fait du mal, sa main, après sa mort, sort de sa tombe. »

Théodore Rousseau est tout entier dans le moindre de ses tableaux et même de ses dessins de forêt. Voyez cette haute futaie dont l'épaisse et pléthoreuse frondaison étouffe le ciel : c'est l'image de la surabondance de ses impressions et de ses paroles; et cette branche nue, recourbée comme une baïonnette au-dessus de ce rempart de verdure, c'est le trait décisif et poignant qui sortait toujours de conversation confuse, ou tout au moins la preuve de son violent amour du contraste.

Le dessin où l'on voit, au bord d'un sentier, montant entre les roches, un genévrier tordu et retordu si convulsivement, est encore l'emblême des plis, des replis de son imagination et des contorsions de sa volonté. Toutes ces landes désertes et âpres où, de distance en distance, des buissons et des touffes d'herbe pointent comme des dards sous un ciel triste, s'épanouissent au soleil ou sifflent sous le vent, sont encore des portraits de la vie de Rousseau, vie solitaire, rude et tourmentée dont le moindre incident devenait une chose importante et quelquefois une douleur aiguë. Car il mêlait à ce point ses impressions au caractère de la nature qu'il se sentait toujours atteint en elle, au point de faire des scènes orageuses à quiconque osait toucher à l'écorce d'un arbre ou casser une gaule : « En faisant ce bouquet de bruyères entre les roches, tu m'as détruit dix tableaux, dit-il à son père ; le site où tu l'as pris n'a plus son caractère à présent. Je le vois d'ici ! »

Se promenant une après-midi dans la forêt de Fontainebleau, son Eden et sa Thébaïde, avec Millet et un artiste de l'Alsace, il s'arrêta à considérer des lichens, des mousses, des éclats de bois mort et des pommes de pin d'une belle couleur, au bord d'une allée. L'Alsacien, ayant ramassé de ces pommes pour les rapporter dans son atelier, Rousseau le regarda faire avec impatience. L'autre continuant, Rousseau, les traits altérés, lui dit avec humeur : « Laissez donc les choses de la nature là où la nature les a mises. La nature fait ce qu'elle fait mieux que chacun de nous ne peut le faire. Laissez là ces morceaux de bois. Laissez là ces pommes de pin. Nous serons un jour peut-être bienheureux de les retrouver là » (1). Il fallut céder, il fallut tout remettre en place jusqu'à la moindre bribe, après les essais les plus méti-

(1) Ici, le désaccord de Rousseau et de Poussin, qu'il admirait, cependant, comme tous les peintres de son siècle, suffit à définir deux tendances et deux natures, et donc à les légitimer. Nous savons, par Félibien je crois, que Poussin « rapportait dans son mouchoir des cailloux, de la mousse, des fleurs et d'autres choses semblables qu'il voulait peindre exactement d'après nature... » (N. de l'E.)

culeux, les plus précis, sous la direction absolue de Rousseau agacé et pantelant. Il tournait, retournait, équilibrait, consolidait un fétu de la main d'une femme qui amène un enfant à la vie, ou plutôt de la main d'un prêtre consacrant l'hostie sainte.

Une partie de l'année à la campagne où il faisait encore quelques promenades ces dernières années, il marchait avec une lenteur rigide et solennelle et ne pouvait souffrir que personne le devançât. Sa démarche était celle d'un prêtre aux Rogations. Son tour dans les champs lui semblait un fait historique, une consécration donnée à toute la nature; il en consacrait en effet du fond de son âme chaque beauté par un acte d'admiration. S'arrêtant à tout pas pour montrer une forme, un effet de lumière, un ton de couleur, et pour en dégager quelque loi pittoresque, il s'oubliait enfin lui-même au point de ne pas s'apercevoir de la fatigue, de l'inintelligence ou de l'ironie de quiconque l'accompagnait, l'entendait encore ou ne l'entendait plus.

Écoutez M. Alfred Sensier, qui le connaissait encore depuis plus longtemps que moi, et qui m'a maintes fois aidé à le bien connaître : « Je l'ai souvent vu se placer devant un arbre pour en faire le portrait. Que de vieux chênes des Monts-Griard n'a-t-il pas visités, étudiés, auscultés des mois, des années, pour en fixer à jamais le type ! Son premier état d'esprit est une admiration concentrée qui l'anime des pieds à la tête et semble par moments le suffoquer. Son œil, gonflé de passion, devient d'une intensité surprenante. Sa voix lui manque. « Que c'est beau ! que c'est beau ! » fait-il tout bas, comme s'il laissait échapper un secret. En examinant les formes et les proportions du géant il s'en approche, analyse son tronc, ses embranchures, ses directions diverses, leurs contrastes, leur équilibre, l'enchevêtrement des rameaux. Pas un accident, pas un caprice ou une étrangeté de membrure, par une excroissance, pas une strie ne lui échappent. Il le contourne, le toise, le pèse avec la justesse d'un forestier et le creuse avec la patience et la ténacité d'un artisan; puis, après un bon moment de réflexion décisive, il le dessine d'un trait sans *repentirs*, sans reprises, avec autant de sûreté que s'il faisait un calque. Dans ses dessins, travaillés avec la plus exquise précaution, même certitude.

« Nous étions, un jour de novembre, sur le plateau de la Belle-Croix. La lumière baissait. Le soleil était froid et rougeâtre, Rousseau examinait depuis une demi-heure deux vieux chênes se détachant sur le ciel gris et mirant leur tête dans une mare encore éclairée par le couchant. La bise sifflait : impossible de rester là. Rousseau me demanda quelques minutes de grâce, et, après avoir tourné les arbres de près, de loin, me dit : « Ils sont dévisagés, je les connais. Allons ! » Le lendemain leur portrait était fait, et merveilleux !

Ici, j'oserai faire une restriction, pour mon compte, à l'admiration, d'ailleurs sincère et légitime de M. Alfred Sensier. Cette prétendue impeccabilité du grand artiste n'effaçant jamais rien de son premier travail, ne revenant jamais sur un trait de crayon, le rendait quelquefois, à mes yeux, roide, crispé, minutieusement laborieux et même violemment puéril. Cette sûreté ordinaire de prime abord est le plus beau privilège d'une conviction forte, d'une longue étude et de l'expérience magistrale, mais elle va, par moments, peut-être, au rebours de l'expansion, si ample et si précise, quoique correcte, de la nature. Elle fige ou découpe les choses, contrarie cette belle onction ou cette belle fonte des objets et des êtres dans l'air, la lumière et la vaporisation des distances; elle appauvrit enfin les formes grasses au profit des os et des arêtes.

Les plus grands maîtres, qui nous étonnent par le génie, la science, la volonté, et même par la facilité naturelle, sont pleins de *repentirs* dans leurs plus beaux dessins : Raphaël, Holbein, Albert Durer, et même Michel-Ange. Que de corrections Titien n'a-t-il pas faites à son fameux *Martyre de saint*

Pierre, dont la récente destruction est un malheur européen, un malheur universel. Car il vaut mieux perdre une armée, qui se refait un jour, qu'un chef-d'œuvre pareil qui ne se renouvelle jamais.

Ce sentiment de l'infaillibilité était, chez Théodore Rousseau, une grande force; — il faut au moins croire en nous-mêmes, autrement les autres n'y croiraient pas; — c'était aussi une faiblesse, et, aux pires heures, une infirmité. Sans doute, il se trompait beaucoup moins en travaillant qu'en discutant; mais il se trompait. C'était un homme de cœur, de bonne volonté, de science et de génie. Seulement, c'était un homme.

J.-F. MILLET

Sur l'extrême côte de la Basse Normandie, non loin du trop fameux cap de La Hogue, le village de Gréville est assis dans un pli de terrain qui le défend des vents et des orages. La haute et sauvage falaise, d'où l'on entend par un jour calme le cri du coq anglais de l'îlot d'Aurigny, descend par gradins gigantesques assez avant dans la plage parsemée de blocs de granit. Au pied de l'imposant amphithéâtre dont on a pris les cubes cyclopéens qui forment la jetée de Cherbourg, est une passe bordée de récifs, très favorable aux naufrageurs et aux contrebandiers. Les douaniers, vêtus de peaux de moutons, y surveillent dans les bourrasques le délinquant des criques voisines. Un jour, trente-deux vaisseaux y périrent. Ce rude et beau pays a conservé, jusqu'en ces derniers temps de laminoirs et de chemins de fer, cette fierté native et ce cachet patriarcal, qui s'effacent là et partout, des côtes de la Manche aux gorges de l'Ariège.

Presque toutes les familles de paysans grévillois possédaient, de génération en génération, et possédent encore plus ou moins de terrain cultivable en arrière de la falaise où le paysage, déclinant, se divise en vallons, pierreux et ravinés par endroits, mais généralement fertiles, ombragés d'ormes et de frênes, traversés d'eaux courantes, et chargés de belles moissons souvent ravagées par le tempêtueux voisinage de la mer.

Ces gens-là ne vivent pas de pêche; ils sont exclusivement terrassiers et pasteurs. Rien ne les distrait du travail des champs et du soin des troupeaux, si ce n'est parfois la nécessité de donner un coup de main aux contrebandiers en alerte et aux marins en perdition. Tous les jours on les voit, à la marée qui se retire, porter, en suivant les rampes les plus abruptes, d'accablantes charges de varech, de fucus et de goëmons vomis par la vague, et bons pour la litière du bétail ou l'engrais des sillons.

Pour avoir une idée juste du caractère primitif de ces bons et durs travailleurs, il faut se reporter au moins à une trentaine d'années. Ils n'avaient alors d'autre maître que l'océan et d'autre nourrice que la terre. Personne ne songeait, comme à présent, à s'industrier, à acheter ou à vendre du bien, ni à progresser dans la culture anglaise qui surcharge les champs de drogues chimiques et force le rendement par le guano. Le morcellement agraire n'était pas excessif : chaque famille avait une étendue inégalement cultivable, mais à peu près proportionnée au nombre de ses bouches et à la vaillance de ses bras. On disputait pied à pied la bonne terre végétale aux rochers et aux éboulements, sans toujours sauver les récoltes de l'ouragan ou des corbeaux affamés poussés par la rafale sur ces parages qui jadis effrayaient les Romains.

Le paysan, voué à son propre patrimoine, n'allait pas en journée chez autrui; des valets de culture ou de bergerie étaient au besoin loués dans les environs; seulement on s'aidait entre parents et amis pour les semailles, la fenaison et la coupe des blés. Quoique le village soit peu distant de Cherbourg, on allait à la ville le moins possible, et l'on se passait de marchands et de cabaretiers. La terre, comme une bonne louve, donnait le pain, le lait, les légumes, le cidre; le troupeau fournissait de chauds vêtements. C'était suffisant pour une forte race, restée enfant, et rappelant par ses mœurs hospitalières les anciens montagnards presque bibliques des Pyrénées et des Alpes, ou les premiers colons français du Canada.

Doux et forts comme des bœufs, hauts de taille, ardents et simples de cœur, les yeux faits pour voir grand dans cette nature grandiose, ainsi que les Celtes leurs premiers pères, ils avaient le type du berger contemplatif et celui de l'âpre terrassier, qui n'a que le temps de regarder à la dérobée les flots et les étoiles. C'étaient, non pas des esclaves attachés à la glèbe, mais de libres ouvriers du sol héréditaire, gagnant leur vie à la sueur de leur front et *servant à la terre*, suivant l'expression du pays, aussi fièrement qu'à l'armée.

Entre toutes les maisons éparpillées du bourg, il en est une qui se fait remarquer par son aménité patriarcale, ombragée d'un côté par les branches retombantes des ormes, tapissée au seuil d'une antique treille, et couverte d'un toit circonflexe de chaumes. La volaille picore dans le fumier, s'épluche dans les coins pulvérulents, fiente dans les auges ou s'endort, la tête sous l'aile, aux bâtons du perchoir. Le rez-de-chaussée, plein de bonnes gens, d'enfants, d'animaux domestiques, est surmonté d'un étage de chambres, dites chambres à blé. Tout cela laisse une aimable impression, et l'on pense à Ostade mêlant son âme et ses couleurs aux rayons du soleil pour caresser la demeure du pauvre. Le jardin et le verger avancent avec la falaise, entourés d'une haie, qui fait balcon sur la mer infinie.

C'est là qu'un paysan d'imposante stature, bon, intelligent et sensible aux beautés naturelles, vivait avec sa femme et neuf enfants dont l'aîné, pâtre et cultivateur jusqu'à dix-huit ans, est à présent un peintre illustre, qui s'appelle François Millet.

L'Esprit, soufflant où il veut, allume la tête et le cœur du plus humble des hommes, et dore d'un rayon de gloire le moulin à eau de Rembrandt, le moulin à vent de Constable et la maison rustique de Millet, dont les tableaux, d'une vérité si frappante et d'un idéal si robuste, sont comme de fraîches idylles ou d'ardentes élégies, inspirées par l'amour du pays natal, la première des Muses.

« On n'emporte pas sa patrie à la semelle de ses souliers »; elle vit dans nos yeux, dans nos pensées et dans nos fibres. Aussi Millet, le rustique des côtes, a-t-il gardé, au milieu des plaines et parmi les paysans de la Brie, l'ineffaçable amour du paysage immense et des fières figures de sa falaise, où l'homme, posé sur la crête d'un roc, est comme un géant dans le bleu. Les paysans de Barbizon, de Macherin, de Chailly, de d'Arbonne, qui, poussés par la Révolution et armés du Code civil, ont conquis et défriché les landes voisines de la forêt de Fontainebleau, lui rendent encore plus chers les patriarches de Gréville, vivant rudement et sans convoitise comme des Scythes, des Thessaliens ou des Celtes.

Le *Semeur*, qui, par des pentes effondrées, lutte contre les vents furieux et les oiseaux voraces des promontoires; les *Faneurs*, au repos dans une étendue verte, du ton le plus intense, et qui semble le pays légendaire des Herbes; et la *Naissance du veau*, où l'homme, par bonté autant que par besoin, associe la famille des bêtes à sa propre famille, ne sont même plus des portraits rustiques de Gréville; ce sont des Géorgiques et comme d'épiques évocations de la vieille Gaule mérovingienne.

Quel que soit d'ailleurs le lieu où il les prend, vivants ou seulement en germe, les sujets de Millet sont profondément marqués d'un triple cachet de naturel, d'originalité et d'idéal. Portés par son œil qui les pénètre à son cœur qui les anime et à son imagination qui les agrandit sans les altérer, ils sortent comme tout armés de sa tête; et sa main les fixe à jamais sur la toile, obéissant à sa conscience et à la vérité, mais à la vérité vivante, pensante, caractérisée; et non pas inerte, stupide et faussée par un réalisme moins exact, après tout, que la machine du photographe. Bien que Millet, malgré son grand savoir spécial, conserve toujours cette simplicité de moyens et cette énergie de l'instinct, qui sont les premiers traits de la puissance, je ne prétends pas pour cela qu'il soit un artiste naïf.

« Il n'y a pas de maître enfant », disait Constable. L'art étant à la fois un sentiment, une science et un métier pleins de raffinements et de prestiges, — surtout de notre temps où l'on épluche tous les tableaux et tous les livres connus avant d'oser faire soi-même un livre ou un tableau, — il faut au moins tenir compte au grand peintre des mœurs rustiques, de ne pas abuser au dépens de la sincérité naturelle de son extrême habileté et de sa parfaite connaissance des Maîtres.

Aussi accentué que les peintres primitifs et que les sculpteurs d'Égine dans ses plus humbles figures, successivement remué par l'idéal d'Ostade et par celui de Michel-Ange, il n'imite assurément ni Michel-Ange, ni Ostade, ni les primitifs; il leur ressemble, il a de leur sang et de leur moelle. Un parent du génie n'est pas son plagiaire. Les aigles qui planent ne doivent rien aux aigles morts. Les maîtres sont tout simplement pour Millet les confirmateurs enthousiastes de ces lois naturelles qui, à son tour, l'ont frappé; des ancêtres vénérables, d'augustes conseillers, des vigies ou des phares éclairant, d'une extrémité à l'autre de la tradition, les précipices de la vie et les sommets de l'art. Ce sont eux qui, au début de sa carrière, l'ont sauvé de l'enseignement de Paul Delaroche, (1) l'Apelle verni de Guizot-le-Grand.

Les personnages qui voient, respirent dans les toiles de Millet sont les incarnations passionnées de la nature et du souvenir. Prêtant à la réalité son génie élargi par l'étude, approfondi par la méditation, il se peint lui-même en les peignant, et tire des plus humbles sujets des types qui vivront, les ayant lui-même *vécus*, et comme pétris, sur la palette, de sa vie, de sa pensée et de ses passions. Autrement

(1) Voir *Appendice* III.

son œuvre, comme celui de tant d'autres artistes, qui tournent le dos à la vérité, serait un vain caprice ou une supercherie, aussi triste et aussi facile à reconnaître que l'enfant mort du Jugement de Salomon.

Si la place ne me manquait ici, je raconterais la noble vie du paysanneau bas-normand, maintenant passé grand homme, sans cesser d'être pauvre et sans devenir insolent, après vingt ans d'efforts, de misère et d'angoisses. Triste odyssée, mais bel exemple pour les intrigants, les vaniteux et les fruits secs, qui courent à l'argent et aux honneurs sans avoir ni rien souffert ni rien appris. Il a fallu à Millet, pour ne pas périr à la tâche, l'œil d'un voyant, l'âme d'un stoïque, la solidité physique d'un rustre, le courage d'un lion et l'horreur de cette vie de polichinelle que la plupart des rapins mènent à Paris.

Les physionomies qui tranchent vraiment sur la médiocrité générale ne mentent guère. Voyez Millet : c'est un athlète de taille et de carrure primitives; le geste franc, le port délibéré mais bonhomme; l'œil profond, ferme et doux sans molle rêverie; le front carré de la Sagesse, ennobli aux coins par l'Idéal; une crinière à la Balzac, rejetée en arrière; la narine mobile et largement ouverte des héros.

Voilà plus de douze ans que sans nom, sans pain, il avait toute la supériorité qu'on lui trouve aujourd'hui. Quelques amis, notamment Diaz, Daumier, Barye, Alfred Sensier cette sensitive enthousiaste, et Théodore Rousseau, le Maître volontaire, fidèle à son génie et à sa mauvaise fortune, ne l'ont pas un seul jour quitté de l'œil, du cœur et de la main. Les frères Stevens l'ont prôné dans toute la Belgique et toute la Hollande. Un critique célèbre (1) qui, m'a-t-on dit, l'a plus tard semoncé, l'avait un jour signalé par un article éclatant à l'admiration publique. Les délicats romantiques ou romanesques, à leur choix, détournaient la tête de « ses

(1) Théophile Gautier. (N. de l'E.)

rustauds couleur de cuir et de brique, monstrueuses réminiscences des Patriarches de la Bible et des Esclaves de Michel-Ange ». Un écrivain (1) plus phosphorescent et plus froid que chaleureux et précis voyait dans ses *Glaneuses*, dignes de l'Odyssée, de farouches pauvresses « dressées sur leurs ergots ».

Un troisième feuilletonniste (2) crut même apercevoir à l'horizon poudreux et embrasé de cet innocent, énergique et admirable épisode champêtre, l'échafaud dressé pour les riches par les Jacques exaspérés. Des amateurs, qui ne trouvent la nature belle qu'à Venise parce que les palais y abondent et que les jardins y manquent, bafouaient également paysages et paysans. D'autres fantaisies accréditées par la presse comparaient à Dumolard, l'assassin des servantes, le *Paysan à la houe*, qui résume d'une façon plus mâle et plus poignante encore que le fameux passage de La Bruyère tous les efforts, toutes les lassitudes et toutes les résignations rustiques.

De pareilles méprises, pour ne pas dire de si criantes injustices, méritent au moins un mot en passant, sans que la susceptibilité de quiconque ait le droit de se récrier. Quand on a les yeux ainsi faits, on les jette par la fenêtre.

Et personne ne les ramassera.

Un poète (3), rappelant au Salon une mode italienne du seizième siècle, fut surpris attachant ce sonnet au cadre du *Paysan à la houe :*

A François Millet.

Va ; laisse-leur les rois, les nymphes, les héros ;
Laisse les Cabanel patauger dans la Fable ;
Tout cela ne vaut pas ton bonhomme effroyable,
Par la peine abruti, de la tête aux sabots.

---

(1) Paul de Saint-Victor. Voir *Appendice II.* (N. de l'E.)
(2) Jean Rousseau. *Voir Appendice II.* (N. de l'E.)
(3) Le Com[t] Lejosne (N. de l'E.)

Au lieu de ces Vénus barbotant dans les flots,
Montre-nous la misère abrupte, inéluctable,
Qui, depuis six mille ans que le monde est à table,
Des gueux pompe la moelle et décharne les os.
Vers le sol qu'il défonce, où son pied s'enracine,
De ton vieux paysan courbe la maigre échine.
Tire des noirs guérets tes austères leçons.
Et ton nom brillera parmi les noms illustres,
O Dante des manants, Michel-Ange des rustres
Qui, seul, as peint le Ciel et l'Enfer des moissons !

. . . .

Quoique Millet soit un travailleur acharné et très difficile pour lui-même, il peint avec autant de facilité que de franchise. Si la conscience et le goût le retardent à l'œuvre, la force et l'expérience le font avancer à grands pas. Son instinct et son savoir, comme deux chevaux de race accouplés, vont de plus en plus fièrement, s'animant l'un l'autre, mais sans cabrerie ni emportement. Voyant ses sujets sans trouble, il les saisit et les rend sans faiblesse et sans hésitation. Ses tableautins, il y a dix ans, étaient enlevés en rien de temps à la pointe de la brosse dans la pâte fraîche et limpide : il lui arrive de couvrir en une journée une scène importante et d'une manière tellement harmonieuse et parlante qu'à la rigueur il pourrait en rester là. Ses tableaux de caractère exigent plus de temps et de réflexion.

Après avoir tracé son sujet au crayon noir, même à la plume sur la toile blanche, accusant fermement le contour des figures sans les appauvrir ou les dessécher, la ligne d'horizon et les divers plans du paysage, il le sent déjà vivre, tout entier. Pas de dessinateur plus sobre, plus simple, plus vaillant que Millet, même parmi les maîtres morts. Pour le juger dans son moindre griffonnement, il faut voir la merveilleuse collection de son ami Sensier.

Il procède ensuite par frottis légers et puissants, donnant à mesure le ton de la couleur, l'effet de la lumière et

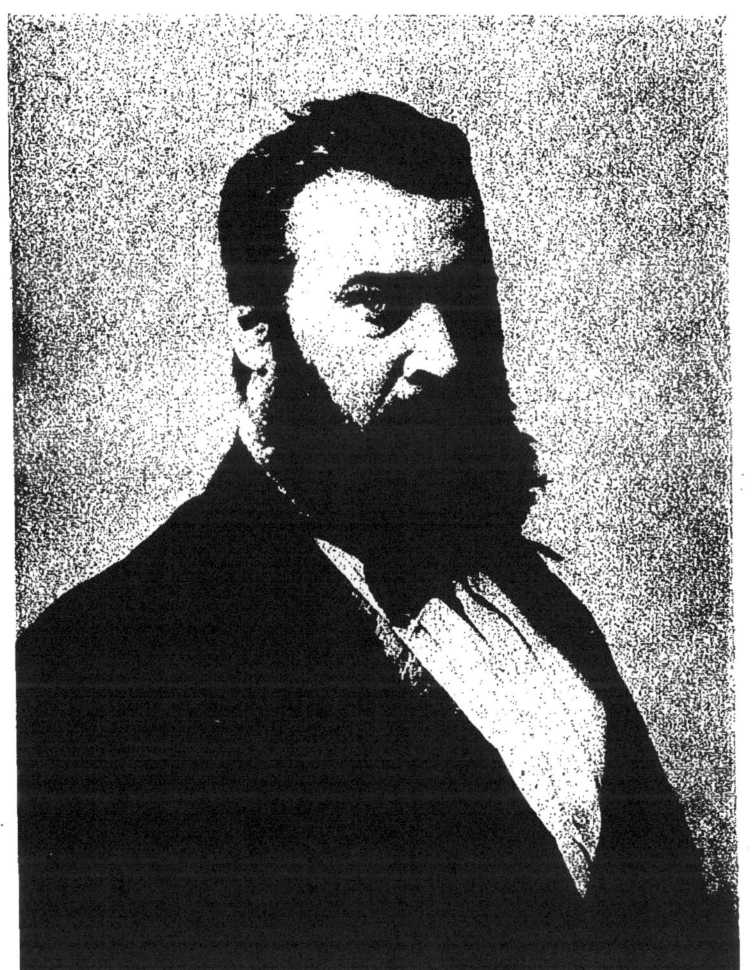

Cl. Nadar.

J.-F. MILLET

l'intensité générale du caractère, du mouvement et de l'harmonie. C'est ainsi qu'il monte degré par degré à l'expression suprême, à l'idéal des types qu'il veut perpétuer. La justesse des plans, la rigoureuse précision de la mise en place de toutes choses, soit au repos, soit en mouvement; l'observance parfaite de la loi des espaces et l'absolue vérité des phénomènes atmosphériques, rien ne lui échappe; mais il lui faut peu pour frapper fort. Les moindres choses couvées par son esprit éclosent grandes sous sa main, et le trait le plus marquant du caractère de Millet, c'est la sainte horreur du médiocre et de l'à peu près.

Jamais Millet n'arriverait à rendre d'une façon si ample, si juste, si vivante ses figures et ses paysages, s'il abusait du modèle, à la façon têtue et niaise de quelques réalistes. Maître de la nature et non pas son esclave, il voit, observe, s'émeut et se souvient au lieu de copier. Après avoir seulement croqué et comme pris au vol ce qui le frappe dans ses promenades attentives, il rentre chez lui, muni de précieux renseignements qu'il combine, anime, caractérise, à force d'intelligence, de sentiment et de réflexion. Tel site borné devient la vaste campagne, magiquement enveloppée d'air et de lumière, et tel paysan, particulièrement épuisé, devient l'immuable type de la pénurie et de l'accablement rustiques.

C'est une physionomie rudimentaire et résignée de bête de somme, un vieil âne échiné ou un vieux bœuf fourbu; enfin un être voué, du matin au soir et jusqu'à la mort, à la terrè dure et avare, presque sans fruit et sans espérance. Ce n'est pas l'image d'un paysan, c'est le portrait de la Paysannerie. Toute une race qui a longtemps travaillé et souffert travaille toujours et souffre en lui.

. . . .

. . . .

C'est ainsi que François Millet, accordant ses sensations, ses sentiments et ses idées avec le caractère de ses personnages et la physionomie du monde extérieur, miroir de nos joies et de nos peines, est aussi grand peintre de mœurs que de paysages. Préservé des influences putrides de Paris par la rectitude de son esprit, l'énergie de ses instincts, la pureté de ses mœurs et le souvenir de sa jeunesse toute primitive, il a continué à la campagne la forte et douce vie de famille. Père de neuf enfants, comme son propre père, l'humble patriarche de la falaise, il lui a fallu, il lui faut encore du cœur à l'ouvrage, pour ne pas manquer au proverbe rustique : « qui donne à naître donne à paître. »

La contemplation de la nature, l'étude des paysans toujours présents à ses yeux, l'ont aussi détourné des sujets ressassés, des vaines imaginations et des ambitions folles qui jettent dans le vide la plupart des artistes, après avoir frappé de stérilité leur intelligence et leur cœur. Il a couru les champs où, si tout n'est pas beau, tout est vrai, au lieu de rôder par les rues, les boutiques et les théâtres où l'homme, l'air et la lumière sont également faux et viciés, laissant aux maniéristes prétentieux le grand bal des marionnettes de l'histoire, chargées des oripeaux de Babin, aux pédants le calque et le surmontage éternels des idoles académiques, et aux peintres lubriques les scènes qui peuvent un moment exciter les sens épuisés des veillards.

La visée d'un grand artiste n'est pas de s'envoler vers la lune et les étoiles; c'est de marcher d'un pas ferme, le cœur ému, l'étoile au front, dans le sentier qu'il s'est choisi, toujours sincère envers la nature, envers les hommes, envers lui-même. Millet, né paysan, mais ayant appris à lire au grand air dans la Bible, est resté paysan et biblique. Ses pauvres gens de Gréville et de Barbizon, sans rien perdre de leur vérité native, ont pris le pli de son imagination : on dirait des apôtres de la montagne et des prophètes de la côte, exilés de l'Écriture dans ces plaines. Chacun de ces hommes porterait, comme des taupes, au bout de sa fourche de fer, dix pastoureaux bellâtres de M. Breton, vingt Champis déclamatoires de Mme Sand et trente gandins pourris de M. Gustave Doré. Les paysans de Balzac, si retors et si énergiques dans le mal, ne tiendraient pas non plus contre ceux de Millet, qui sont épiques dans le bien.

FIN DU TOME PREMIER

TABLE DES MATIÈRES

56. — Les Imprimeries LAINÉ et TANTET, Chartres. 30.6.1926.

A LA MÊME LIBRAIRIE

DÉJA PARUS

DANS LA MÊME BIBLIOTHÈQUE

BENVENUTO CELLINI. — **Mémoires** (trad. Beaufreton) (2 vol.)
EUGÈNE DELACROIX. — **Œuvres littéraires** (2 vol.)
CHARLES BAUDELAIRE. — **Variétés critiques** (2 vol.)
AMAURY-DUVAL. — **L'Atelier d'Ingres.**

POUR PARAITRE

DANS LA MÊME BIBLIOTHÈQUE

EUGÈNE DELACROIX. — **Journal** (texte intégral).
P.-P. RUBENS. — **Correspondance.**
LORENZO GHIBERTI. — **Mémoires.**
MICHELET. — **Triomphe de Prométhée.**
DIDEROT. — **Essai sur la Peinture.**
— **Salons choisis.**

Chartres. — Les Imp. LAINÉ et TANTET.

www.ingramcontent.com/pod-product-compliance
Ingram Content Group UK Ltd.
Pitfield, Milton Keynes, MK11 3LW, UK
UKHW020137220726
13923UKWH00001B/209

9 782329 041674